Oliver Brachat
Tobias Rauschenberger

Bestes BROT genießen

Bassermann

Inhalt

eine meiner Kindheitserinnerungen lässt mich immer wieder an duftendes Brot und Gebäck denken. Jeden Samstag kam der Bäcker mit seinem alten Kastenwagen zu meiner Oma gefahren, und nachdem er lautstark gehupt hatte, sind alle Nachbarn aus dem Haus gelaufen. Er stieg mit einem Lächeln aus seinem Wagen und öffnete die Schiebetür. Sofort verbreitete sich der wunderbare Duft von frisch Gebackenem. Wenn wir an der Reihe waren, durften wir Kinder uns immer noch etwas aussuchen. Oft waren dies leckere Laugenbrötchen oder Seelen – manchmal auch etwas Süßes …

Heute ist es gar nicht so einfach, ein gutes Brot vom Bäcker zu bekommen – selbst in einer Großstadt. Denn viele Brote, die wir täglich konsumieren, sind mit Zutaten versetzt, die darin eigentlich nichts zu suchen haben. Doch so richtig genießen lässt sich Brot vor allem dann, wenn man weiß, woraus es gemacht ist. Hat man es dazu noch selbst geknetet, geformt, in den Ofen geschoben und gebacken, schmeckt es gleich noch mal so gut.

Und Brotbacken kann so einfach sein. Das haben Oliver Brachat und ich während unserer langen Zusammenarbeit immer wieder festgestellt. Unsere Leidenschaft und Begeisterung dafür möchten wir nun gerne mit Ihnen teilen. Nach einer kurzen Einführung zu den wichtigsten Back-Basics ist unser Buch in drei große Hauptkapitel unterteilt, die unsere Lieblingsrezepte zu herzhaften, süßen und besonderen Broten beinhalten. Egal ob Sie sich zum ersten Mal daran wagen, Brot oder Brötchen selbst zu backen, oder ob Sie schon einige Erfahrung mitbringen, es ist bestimmt für jeden von Ihnen das passende Rezept dabei. Damit Ihnen die Entscheidung, mit welchem Brot Sie loslegen, nicht allzu schwerfällt, sind die einfacheren und anspruchsvolleren Rezepte entsprechend gekennzeichnet. Und auch wenn Sie mal weniger Zeit mitbringen, können Sie auf einen Blick ersehen, wie lange Sie ungefähr für die Zubereitung brauchen bzw. wie lange der Teig ruhen und gebacken werden muss.

Viel Freude beim Backen und Genießen wünschen Ihnen

Oliver Brachat & Tobias Rauschenberger

Grundlagen

Ausstattung

1 Backblech
2 verschiedene Kastenformen
3 Schneebesen
4 Teigschüssel
5 Backpapier
6 Frischhaltefolie
7 Gitter zum Abkühlen
8 Teigkarte
9 Küchenwaage
10 Pinsel mit Rasierklinge
   (selbst gebasteltes Messer
   zum Einschneiden)
11 Backpinsel
12 Ofenthermometer
13 Brotbackstein
14 Brotbackofen (optional)
15 Küchenmaschine (optional)

Zutaten

Mehl

Die meistbenutzten Mehle sind Weizen-, Roggen- und Dinkelmehle. Diese unterscheiden sich durch Farbe und Geschmack. Dabei gilt: Das Korn, aus dem hellere Mehle gemahlen werden, besitzt weniger Randschichten und Mineralstoffe. Dies wird durch die Typenzahl auf der Verpackung angegeben. Je niedriger sie ist, desto heller ist das Mehl.

Dunklere Mehle haben einen kräftigeren Geschmack und sind durch eine höhere Typenzahl gekennzeichnet. Das Korn hat mehr Randschichten und beinhaltet für den Körper wertvolle Vitamine, Mineral- und Ballaststoffe. Vollkornmehle, die das ganze Korn enthalten, haben keine Typennummern.

Wasser

Neben Mehl braucht man für das Gelingen jedes Brotrezepts auch Flüssigkeit, am häufigsten Wasser. Man kann gewöhnliches Leitungswasser verwenden, je nach Brot und Gehzeit variiert die optimale Temperatur von kalt bis lauwarm.

Hefe

Bei Hefe handelt es sich um einen Pilz, der sich durch Zellteilung vermehrt. Diese wird durch die Zugabe von Wasser oder Milch, Mehl und Zucker angeregt. Durch die Vermehrung der Hefezellen entstehen Gase, die kleine Bläschen erzeugen. Am wohlsten fühlt sich Hefe bei 32 °C, deshalb sollte die zugegebene Flüssigkeit lauwarm und nicht zu heiß sein. Denn ab 45 °C beginnen die empfindlichen Hefekulturen abzusterben.

Oft wird außer der üblichen Frischhefe auch Trockenhefe angeboten. Diese ist im Vergleich länger haltbar als Frischhefe, benötigt jedoch mehr Zeit, bis sie zu arbeiten beginnt. Unserer Erfahrung nach erzielt man mit Frischhefe die besseren Ergebnisse.

Wie viel Hefe benötigt wird, ist von der jeweiligen Teigzusammensetzung abhängig. Schwere Teige aus Vollkornmehl erfordern mehr Hefe als Teige aus Weißmehl. Im Sommer braucht man weniger Hefe als in kälteren Jahreszeiten, weil es im Allgemeinen wärmer ist und die Hefezellen sich daher schneller vermehren.

Salz

Das Zufügen von Kochsalz hemmt die Gärtätigkeit der Hefe, da sich die Zuckerbildung verlangsamt. Dadurch verlängert sich die Gärzeit. Es festigt aber den Kleber des Mehles – der Teig erhält so einen besseren Stand und größeres Volumen. Bei kleberschwächeren Mehlen sollte der Kochsalzanteil erhöht werden. Die Salzmenge ist jedoch in jedem Fall genau abzuwiegen, da sich sowohl zu viel als auch zu wenig Salz negativ auf die Teig- und Gebäckbeschaffenheit auswirken.

Kneten und Formen

Den Teig richtig zu kneten, ist Grundvoraussetzung für das Gelingen jedes Brotes – ob mit den Händen oder der Küchenmaschine bleibt jedem selbst überlassen. Wer auf echte Handarbeit steht, sollte etwas mehr Geduld mitbringen, denn Brotteige müssen meist sehr lang geknetet werden. Leichter tut man sich da mit einer Küchenmaschine mit Knethaken. Auch bei weichen Teigen ist es einfacher, mit einer Küchenmaschine zu arbeiten, da der Teig sonst überall klebt – nur nicht da, wo er eigentlich sollte. Wer dennoch mit den Händen kneten möchte, sollte diese immer leicht bemehlen. Bei einigen Brotteigen sollte zusätzlich die Arbeitsfläche, auf der geknetet oder geformt wird, bemehlt werden. Wenn

dies bei den Broten aus unserem Buch nötig ist, findet sich ein entsprechender Hinweis im Zubereitungstext.

Allgemein gilt: Je länger und intensiver ein Teig geknetet wird, desto mehr Luft wird eingearbeitet, was zur Lockerung beiträgt. Dabei entwickelt sich Klebereiweiß im Mehl und der Teig bekommt eine elastische Struktur. Allerdings sollte man auch nicht zu lange kneten. Vor allem Dinkelteige neigen dazu, nach zu intensiver Bearbeitung klebrig zu werden und beim Gehen in die Breite zu laufen.

Rund wirken
Durch das Rundwirken wird ein Brotteig in eine ebenmäßige Form gebracht und

Spannung aufgebaut, die nach allen Seiten gleichmäßig wirkt. Bei Brötchen kann man dies durch eine kreisende Bewegung mit leichtem Druck auf den Teigling erreichen (1). Die Arbeitsfläche sollte dabei nicht mit Mehl bestäubt sein, da der Teig leicht kleben muss. Nach dem Formen sollte er auf der Unterseite einen Strudel aufzeigen. Bei größeren Broten erhält man am einfachsten dann eine runde Form, wenn man den Teig etwas flach drückt und jede Seite zur Mitte hin faltet. Dann braucht man den Teig nur noch umzudrehen und fertig ist der runde Laib. Nach dem Rundwirken muss der Teig immer für eine gewisse Zeit ruhen, um sich wieder zu entspannen und aufzugehen.

Oval formen

Um ein Brot in eine ovale Form zu bringen, muss man es zunächst rund wirken (1–2). Dann bemehlt man die Arbeitsfläche und drückt den Teig mit den Händen flach (3). Nun klappt man erst die linke, dann die rechte obere Teighälfte ein und faltet sie schließlich ganz zur Mitte (4–5). Den Teig um 180° drehen und den Vorgang mit der anderen Hälfte wiederholen (6–8). Dann verschließt man beide Seiten, sodass keine Öffnung mehr zu sehen ist (9–10). Das Brot wird jetzt umgedreht, auf ein Backblech mit Backpapier gegeben und mit Frischhaltefolie abgedeckt, damit es gehen kann (11). Vor dem Backen schneidet man es noch länglich und gleichmäßig ein (12).

Ziehen und Falten

Das Ziehen und Falten des Teiges ist für seine innere Spannung wichtig. Würde man diesen Vorgang unterlassen und den Teig direkt aus der Küchenmaschine weiterverarbeiten, hätte der Brotlaib am Ende keine schöne Form. Das Brot würde zwar trotzdem schmecken, aber durch die fehlende Spannung völlig unkontrolliert backen. Die einzige Möglichkeit, die dann noch bliebe, wäre, den Teig z. B. in einer Kastenform in den Ofen zu schieben. Wenn man sich allerdings schon die Mühe macht, sein eigenes Brot herzustellen, dann sollte es doch dem Aussehen eines Brotes vom Bäcker um die Ecke zumindest ähneln.

Man zieht und faltet einen Teig, indem man ihn nach der ersten Teigruhe auf die bemehlte Arbeitsfläche gibt (1). Man drückt ihn mit den Händen leicht flach und zieht alle vier Seiten erst etwas in die Länge, dann faltet man sie

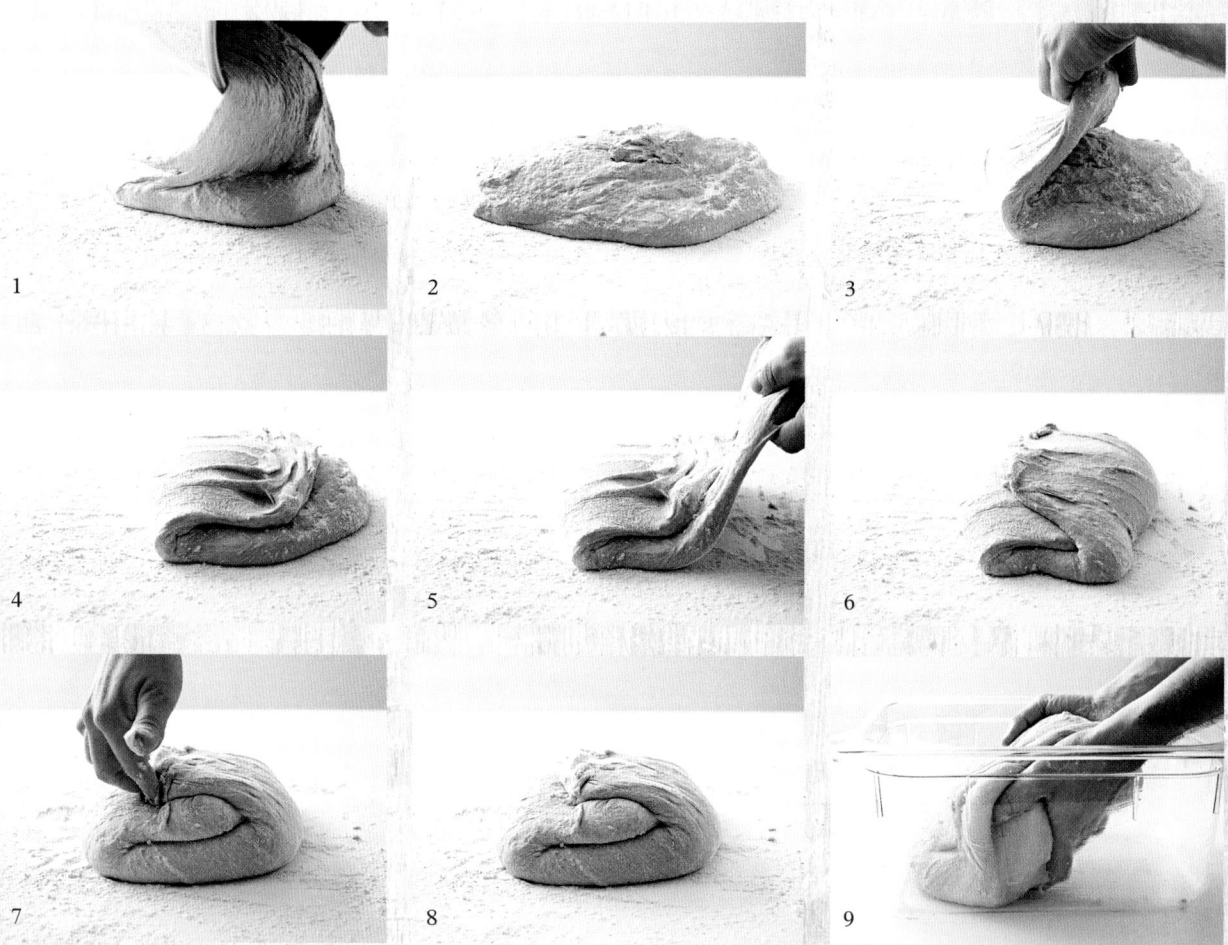

1

2

3

4

5

6

7

8

9

überlappend zur Mitte (2–8). Anschließend dreht man den Teig um und gibt ihn in ein bemehltes Gefäß, in dem man ihn abgedeckt gehen lässt (9). Dieser Vorgang kann 2–3 Mal wiederholt werden. Allerdings sollte der Teig auch nicht zu viel Spannung haben, da das Brot in diesem Fall während des Backens reißen würde.

Teigruhe und Backen

Beim Brotbacken ist Geduld gefragt, denn der Teig braucht eine gewisse Zeit, um zu gehen. Dieser Vorgang dient der Lockerung und Vergrößerung seines Volumens. So müssen auch in unseren Brotrezepten die meisten Teige nach dem Kneten oder Formen für eine Weile ruhen. Die jeweilige Dauer ist genau angegeben, dabei ist jedoch auch immer etwas Fingerspitzengefühl gefragt. Denn bei Hefe und Sauerteig handelt es sich um Naturprodukte, die auf ihre Umwelt reagieren. Geht ein Teig in der Nähe der Heizung, braucht er weniger Zeit, um sein Volumen zu vergrößern, als in etwas kühlerer Umgebung. Man sollte allerdings darauf achten, dass er nicht zu viel Hitze abbekommt, was sich auf seine Beschaffenheit negativ auswirken würde. Die Teige in unseren Rezepten gehen bei Zimmertemperatur, d.h. bei ca. 25 °C.
Zum Abdecken der Teigschüssel verwenden wir Frischhaltefolie, da diese keine Luft durchlässt und den Teig somit vor dem Austrocknen schützt. In anderen Rezepten wird der Teig häufig auch mit einem Küchenhandtuch zugedeckt, was diesen jedoch an der Oberfläche sehr trocken werden lässt und sich daher nicht empfiehlt.
Ein anderer praktischer Helfer beim Brotbacken ist das Gärkörbchen. Man bemehlt es einfach und lässt den Teig nach dem letzten Kneten darin ruhen. Es gibt dem Brot eine schöne Form und meist auch ein tolles Muster. Vor dem Backen stürzt man dann den Teig aus dem Gärkörbchen direkt auf das Backblech.

Brot sollte in einem Haushaltsbackofen ohne Umluft gebacken werden, da die zirkulierende Luft die Oberfläche schnell austrocknet. Das Gebäck kann zu dunkel werden oder die gewünschte Form während des Backvorgangs verändern. In jedem Fall gilt es, die Besonderheiten des eigenen Ofens – z.B. ein unregelmäßiges Heizen – zu berücksichtigen und die Temperaturangaben bzw. Backzeiten entsprechend anzupassen.
Eine Methode, die wir bei manchen Brotrezepten gerne anwenden, ist das Backen mit Dampf. Dabei legt sich Feuchtigkeit auf die Oberfläche des Teiges, die somit zu Beginn des Backvorgangs mehr Elastizität bewahrt. Dies bewirkt, dass das Brot während des Backens größer und voluminöser wird, ehe die Kruste aufreißt. Zudem bekommt es einen leichten Glanz. Backt man dagegen ohne Dampf, kann die Oberfläche des Teiges austrocknen oder frühzeitig aufreißen. Auch wenn das Brot dann rustikaler aussieht, ist es im Innern nicht ganz so luftig und locker.

Für das Backen mit Dampf gibt es zwei Möglichkeiten, die in normalen Haushaltsöfen gut funktionieren. Für die erste Variante sollte man sich einen Brotback- bzw. Pizzastein anschaffen, der genau in den Ofen passt. Darauf platziert man dann schon beim Vorheizen ein kleines ofenfestes Schälchen mit Wasser (ca. ½ Liter). So kann sich der Dampf entwickeln und ausbreiten, der Brotbackstein speichert zudem noch weiteres Wasser in den Poren. Die zweite Möglichkeit, die wir für die noch bessere halten, ist, sich im Baumarkt 2 Kilo Lavasteine zu besorgen. Diese gibt man auf ein altes Blech, das man auch schon während des Vorheizens auf den Boden des Ofens stellt. Wenn man den Teig in den Ofen gibt, gießt man ca. ¼ Liter kaltes Wasser vorsichtig auf die Lavasteine. Die Ofentür sollte man dann sofort wieder schließen. Diese Methode funktioniert ähnlich wie bei einem Saunaaufguss. Für beide Möglichkeiten gilt: Nach etwa 10–15 Minuten Backzeit den restlichen Dampf aus dem Ofen entweichen lassen. Dazu kurz die Ofentür öffnen und das Gefäß mit Wasser bzw. die Lavasteine entfernen.

Hefeteig

Hefeteig ist einer der am einfachsten herzustellenden Teige, aus dem man ein wunderbar duftendes, lockeres Brot oder passend zu Kaffee und Tee ein schön weiches Gebäck wie z.B. eine Brioche zaubern kann.

Nur wenige Dinge sind für ein leckeres Resultat zu beachten: Ein Hefeteig besteht meistens nur aus Hefe, Mehl, Wasser oder Milch sowie Salz oder Zucker. Am einfachsten lässt sich die Hefe in lauwarmem Wasser oder lauwarmer Milch auflösen. Die richtige Temperatur ist dabei sehr wichtig (s. Hefe auf S. 15). Dann gibt man die Wasser-Hefe-Mischung zum Mehl und verknetet alles miteinander. Anschließend gibt man den Teig in eine Schüssel und deckt diese mit Frischhaltefolie ab. Nun muss der Teig gehen – am besten an einem zugfreien Ort. So gelingt der Hefeteig ganz leicht und man kann sich anschließend auf das Genießen konzentrieren. Wer ein einfaches Hefeteig-Rezept ausprobieren möchte, kann sich z.B. an unserem Toastbrot (Rezept auf S. 114 oder Hefezopf (Rezept auf S. 76) versuchen.

Für mehr Geschmack und eine leicht säuerliche Note in hellen Teigen wird z.B. bei Baguettes ein Poolish zubereitet. Dies ist ein lang geführter Vorteig, der schon am Vortag zubereitet wird.

Dazu wiegt man Wasser und Mehl zu gleichen Teilen ab. Da dieser Teig sehr weich ist und lange geht, wird nur 1 % Hefe zugesetzt.

Poolish

In einer Schüssel die Hefe im Wasser unter Rühren auflösen (1). Nun das Mehl zugeben und alles zu einem glatten Teig verrühren (2). Die Schüssel mit einem Deckel verschließen und den Teig darin über Nacht gehen lassen (3–4). Am nächsten Tag wird sichtbar, dass die Hefe gearbeitet hat. Der Teig ist mit Luftblasen durchzogen und nun bereit, weiterverarbeitet zu werden (5–6).

Sauerteig

Sauerteig sorgt für die gleichzeitige Lockerung und Säuerung von Brotteigen sowie für
eine Verbesserung der Backfähigkeit und
des Brotgeschmacks. Damit die erforderli-
che Säuremenge erzielt und gleichzeitig eine
ausreichende Lockerungswirkung erreicht
wird, muss der Sauerteig i. d. R. mehrmals
angefrischt (gefüttert) werden. Dazu nimmt
man wiederholt einen Teil vom reifen Sauerteig ab und frischt diesen dann mit Mehl und
Wasser auf.

Eine wichtige Rolle spielt beim Sauerteig
die Temperatur. Diese liegt bestenfalls zwischen 30 °C und 40 °C. Wird der Sauerteig
zu kühl gelagert (unter 27 °C), bildet sich

Essigsäure, wodurch das Brot einen schär-
feren Geschmack bekommt. Ab 30 °C bilden
sich vorwiegend Milchsäurebakterien, die im
Geschmack milder sind.

Wer viel Brot backt, wird es zu schätzen wiss-
en, immer einen reifen Sauerteig zur Verfügung
zu haben. Auf gekauften Sauerteig sollte man
jedoch weitgehend verzichten. Dieser dient
nämlich ausschließlich der Geschmacksverbes-
serung, nicht der Teiglockerung.

Sauerteig wird normalerweise aus Roggenmehl hergestellt, das mehr Enzyme enthält
als Weizenmehl. In manchen unserer Rezepte
wie dem San Francisco Sourdough werden
aber auch helle Sauerteige aus Weizenmehl
verwendet (s. S. 23).

Sauerteigansatz

100 g Roggenmehl
100 ml lauwarmes Wasser
30 ml Buttermilch

Alle Zutaten gut miteinander verrühren. Abgedeckt für 48 Stunden an einem warmen Ort gehen lassen (1).

Am 3. Tag den Sauerteigansatz mit 70 ml Wasser und 50 g Roggenmehl (Type 1150) vermischen, alles verrühren und wieder abdecken. Für weitere 24 Stunden gehen lassen (2).

Am 4. Tag 100 g des Sauerteigansatzes abwiegen und mit 200 ml lauwarmem Wasser und 160 g Roggenmehl (Type 1150) vermischen (4).

Bei hellem Sauerteig mischt man 100 g Sauerteigansatz mit 200 ml Wasser und 200 g Weizenmehl (Type 550 oder 1050).

Anschließend wieder abdecken und den übrig gebliebenen Sauerteigansatz entsorgen.

Nach 4 Stunden Gehzeit (5) sollte der Sauerteig schon merklich zugenommen haben, nach 8 Stunden Gehzeit sollte er sein Volumen verdoppelt haben (6). Nun ist er „reif" und somit gebrauchsfähig (3).

Reifer Sauerteig ist in einem verschlossenen Weckglas im Kühlschrank für ca. 2 Wochen haltbar. Vor dem Gebrauch sollte man ihn wie oben beschrieben anfrischen und gehen lassen. Dann ist er wieder einsatzbereit.

Herzhafter Genuss

Schwarzwälder Bauernbrot

Zuerst einen Vorteig herstellen. Dafür die Hefe mit 100 ml Wasser sowie 75 g Weizenmehl in einer Schüssel mischen und mit Frischhaltefolie abgedeckt für ⊙ 15 Minuten zu einem Vorteig gehen lassen. 275 ml Wasser und die restlichen Zutaten zufügen und mit der Küchenmaschine oder einem Handmixer mit Knethaken in ⊙ 5 Minuten zu einem glatten Teig verkneten. Den Teig abdecken und an einem warmen Ort für ⊙ ca. 1 Stunde ruhen lassen. Nach ⊙ 30 Minuten einmal ziehen und falten (s. S. 18).

Nach der Stunde den Teig auf die leicht bemehlte Arbeitsfläche geben und rund wirken (s. S. 16). Dann in Roggenmehl wälzen und in ein bemehltes Gärkörbchen oder auf ein bemehltes Backblech legen. Mit Frischhaltefolie abgedeckt an einem warmen Ort für ⊙ ca. 30 Minuten gehen lassen.

In der Zwischenzeit den Backofen auf 250 °C vorheizen. Ein Gefäß mit Wasser in den Ofen stellen (s. S. 19). Das Backblech mit dem Brot in den Ofen geben. ⊙ 15 Minuten backen, die Temperatur auf 220 °C reduzieren und das Wasser entfernen. Das Brot in weiteren ⊙ 40 Minuten fertig backen. Den Backofen ausschalten, einen Kochlöffel zwischen Ofen und Ofentür klemmen, damit das Brot noch ⊙ ca. 5 Minuten ausdampfen kann. Dann auf einem Gitter abkühlen lassen.

15 g Frischhefe
375 ml lauwarmes Wasser
475 g Weizenmehl (Type 1050)
175 g Roggenmehl (Type 1150)
50 g reifer Sauerteig
15 g Gerstenmalzsirup oder Backmalz
12 g Salz
15 g Frischhefe

Außerdem:
50 g Roggenmehl

Ergibt 1 Brot
Zubereitung: ⊙ ca. 25 Minuten
Teigruhe: ⊙ 1¾ Stunde
Backzeit: ⊙ 1 Stunde
Einfach

Französisches Landbrot

Alle Mehle mit Gerstenmalzsirup und Salz mischen. Die Hefe so gut wie möglich im Wasser auflösen und mit dem Weizensauerteig zum Mehl-Gemisch geben. Alle Zutaten in einer Küchenmaschine für ⊙ 10 Minuten zu einem sehr elastischen Teig verkneten. Diesen auf die stark bemehlte Arbeitsfläche geben, jede Seite des Teiges einzeln ziehen und zur gegenüberliegenden Seite falten (s. S. 18). Eine große rechteckige Form mit Öl bepinseln, den Teig hinein-geben und für ⊙ 1 Stunde mit Frischhaltefolie abgedeckt an einem warmen Ort gehen lassen.

Danach die Hände mit Öl einreiben und den Teig noch-mals ziehen und falten. Dadurch bekommt er eine bessere Struktur. Dabei möglichst behutsam vorgehen, denn so bleiben die Blasen von der Gärung im Teig erhalten. Die-sen Vorgang noch zweimal wiederholen, d.h. den Teig insgesamt für ⊙ 3 Stunden gehen lassen.

Den Backofen auf 220 °C vorheizen. Ein Gefäß mit Was-ser in den Ofen stellen (s. S. 19). Den Teig vorsichtig auf ein Backblech mit Backpapier geben und mit einem schar-fen, bemehlten Teigschaber in zwei Stücke teilen, diese mit etwas Mehl bestäuben. Die Brote in ⊙ 40 Minuten im Ofen goldbraun backen. Nach ⊙ 15 Minuten das Wasser entfer-nen. Auf einem Gitter komplett abkühlen lassen.

700 g Weizenmehl (Type 1050)
200 g Weizenmehl (Type 405)
100 g Roggenmehl (Type 1150)
100 g Gerstenmalzsirup
25 g Salz
21 g Frischhefe
700 ml kaltes Wasser
300 g reifer Weizensauerteig

Außerdem:
2 EL neutrales Öl

Ergibt 2 Brote
Zubereitung: ⊙ ca. 30 Minuten
Teigruhe: ⊙ 3 Stunden
Backzeit: ⊙ 40 Minuten

Roggenbrot

450 g Roggenmehl (Type 997)
250 g Roggenvollkornmehl
360 g Weizenmehl (Type 1050)
150 g Roggenschrot
70 g reifer Sauerteig
½ l lauwarmes Wasser
20 g Salz

Außerdem:
50 g Mehl für das Gärkörbchen
und zum Formen

Alle Mehlsorten miteinander vermischen, in eine Schüssel geben und eine Mulde hineindrücken. Sauerteig mit Wasser mischen, in die Mulde schütten und mithilfe eines Schneebesens so viel Mehl mit einrühren, dass ein dickflüssiger Teig entsteht. Die Oberfläche mit Mehl bestäuben und die Schüssel über Nacht gut abgedeckt ruhen lassen.

Am nächsten Tag sollte sich der Vorteig vom Volumen her verdoppelt haben und viele Blasen enthalten. Salz zugeben, Mehl von den Rändern einarbeiten und alles in einer Küchenmaschine ⊙ 3–5 Minuten kneten. Wieder zurück in die Schüssel geben, luftdicht abdecken und für ⊙ ca. 2 Stunden gehen lassen.

Den Teig nach ⊙ 40 Minuten aus der Schüssel nehmen, einmal ziehen und falten (s. S. 18), und wieder in die Schüssel zurückgeben. Danach den Teig auf der bemehlten Arbeitsfläche zu einer Kugel formen. Ein Gärkörbchen gut mit Mehl ausstäuben, die Teigkugel hineinlegen und so lange gehen lassen, bis sich das Volumen verdoppelt hat.

Den Backofen auf 250 °C vorheizen. Ein Gefäß mit Wasser in den Ofen stellen (s. S. 19). Den Teig auf ein Backblech mit Backpapier stürzen. ⊙ 15 Minuten backen, dann die Temperatur auf 230 °C reduzieren. Das Wasser entfernen. Das Brot in ⊙ 1 Stunde fertig backen. Auf einem Gitter oder unbehandelten Holzbrett vollständig abkühlen lassen.

Ergibt 1 Brot
Zubereitung: ⊙ ca. 50 Minuten
Teigruhe: ⊙ ca. 12 Stunden
Backzeit: ⊙ 1¼ Stunden
Anspruchsvoll

San Francisco Sourdough Bread

In einer Schüssel alle Zutaten ⊙ 1 Minute lang zusammenkneten. Für ⊙ 20 Minuten abgedeckt ruhen lassen. Dann weitere ⊙ 4 Minuten kneten, bis sich der Teig von der Schüssel löst. In eine flache, mit Öl eingepinselte Schale legen und abdecken. Insgesamt für ⊙ 2½ Stunden gehen lassen. Nach ⊙ 50 Minuten den Teig ziehen und falten (s. S. 18), dann wieder abdecken. Diesen Vorgang nach weiteren ⊙ 50 Minuten wiederholen.

Den Teig auf die bemehlte Arbeitsfläche geben und in zwei gleich große Stücke teilen. Diese vorsichtig zu Kugeln formen und für ⊙ 15 Minuten abgedeckt ruhen lassen. Dann zu zwei ovalen Teiglingen formen (s. S. 17) und mit größerem Abstand auf ein Backblech mit Backpapier geben. Mit Frischhaltefolie abdecken und ⊙ 2 bis 2½ Stunden ruhen lassen.

Den Backofen auf 250 °C vorheizen. Ein Gefäß mit Wasser in den Ofen stellen (s. S. 19). Den Teig mit einer Rasierklinge oder einem scharfen Messer dreimal diagonal einschneiden. Das Backblech in den Ofen geben und die Brote ⊙ 15 Minuten backen. Die Temperatur auf 220 °C reduzieren und das Wasser entfernen. In weiteren ⊙ 30 Minuten fertig backen. Auf einem Gitter vollständig abkühlen lassen.

1 kg Weizenmehl (Type 550)
200 g Dinkelvollkornmehl
610 ml Wasser
400 g reifer Weizensauerteig
20 g Salz

Außerdem:
Öl zum Einfetten

Ergibt 2 Brote
Zubereitung: ⊙ ca. 25 Minuten
Teigruhe: ca. ⊙ 5½ Stunden
Backzeit: ⊙ 45 Minuten

Kastenweißbrot

Die Hefe in dem Wasser auflösen. Die restlichen Zutaten zugeben, miteinander vermischen und ⊙ ca. 10 Minuten mit der Küchenmaschine kneten. Der Teig sollte sich danach geschmeidig anfühlen. In eine Schüssel geben und abgedeckt für mindestens ⊙ 2 Stunden bei Zimmertemperatur gehen lassen. Nach ca. der Hälfte der Gehzeit einmal ziehen und falten (s. S. 18).

Den Teig auf die leicht bemehlte Arbeitsfläche geben und rund wirken (s. S. 16). ⊙ Ca. 15 Minuten gut abgedeckt gehen lassen, dann zu einer Rolle formen und in eine gefettete Kastenform geben. Die Form mit Frischhaltefolie abdecken. Erneut mindestens ⊙ 30 Minuten gehen lassen. Der Teig sollte jetzt über die Kastenform herausschauen.

Den Backofen auf 250 °C vorheizen. Ein Gefäß mit Wasser in den Ofen stellen (s. S. 19). Mit einer Rasierklinge oder einem scharfen Messer das Brot leicht diagonal alle 2 cm einschneiden, mit der Milch bepinseln und sofort in den Ofen stellen. Nach ⊙ ca. 10 Minuten die Temperatur auf 220 °C reduzieren und das Wasser entfernen. Das Brot in weiteren ⊙ 40 Minuten fertig backen.

Das Brot aus der Kastenform stürzen und je nach Farbe des Teiges eventuell für weitere ⊙ 10 Minuten ohne Form in den Ofen stellen, um die Ränder etwas nachzubräunen.

30 g Frischhefe
100 g lauwarmes Wasser
750 g Weizenmehl (Type 550)
300 ml Milch
75 g Butter
40 g Zucker
1 TL Salz

Außerdem:
Butter zum Einfetten
4 EL Milch zum Bestreichen

Ergibt 1 Brot
Zubereitung: ⊙ ca. 30 Minuten
Teigruhe: ⊙ 2¾ Stunden
Backzeit: ⊙ 50 Minuten
Einfach

Nussbrot

600 g Weizenvollkornmehl

400 g Weizenmehl (Type 405)

20 g Salz

20 g Frischhefe

700 ml lauwarmes Wasser

150 g Haselnüsse, gehackt

150 g Walnüsse, gehackt

100 g Rosinen

2 TL Honig

Ergibt 4 Brote

Zubereitung: ⊙ ca. 35 Minuten

Teigruhe: ⊙ 1⅔ Stunden

Backzeit: ⊙ 35 Minuten

Einfach

In einer Schüssel beide Mehle mit dem Salz mischen. Die Hefe im Wasser auflösen und zum Mehl geben. Alles in ⊙ ca. 5 Minuten zu einem Teig verkneten. Dann gehackte Nüsse, Rosinen und Honig zugeben und unterkneten. Den Teig abgedeckt bei Zimmertemperatur für ⊙ 1 Stunde gehen lassen.

Die Arbeitsfläche mit Mehl bestäuben und den Teig mithilfe einer Teigkarte in vier Portionen teilen. Mit den Händen jeden Laib rund wirken (s. S. 16) und auf ein Backblech mit Backpapier geben. Abgedeckt nochmals für ⊙ ca. 40 Minuten gehen lassen. Während dieser Zeit sollte sich das Volumen fast verdoppeln.

Inzwischen den Backofen auf 230 °C vorheizen. Ein Gefäß mit Wasser in den Ofen stellen (s. S. 19). Die Brote für ⊙ 10 Minuten backen, danach die Temperatur auf 210 °C reduzieren und das Wasser entfernen. In weiteren ⊙ 25 Minuten fertig backen. Auf einem Gitter abkühlen lassen.

Tipp: Die Nüsse im Rezept können auch durch Mandeln ersetzt werden und anstelle der Rosinen schmecken auch Cranberrys hervorragend. Am besten mit guter Butter genießen.

Maronenbrot

Den Backofen auf 190 °C vorheizen. Die Maronen mit einem scharfen Messer einritzen und auf ein Backblech legen. Für ☉ 35–40 Minuten im Ofen rösten. Herausnehmen, etwas abkühlen lassen, schälen und grob hacken.

Weizen- und Roggenmehl in einer Schüssel mischen und mit den Händen eine Mulde formen. Die Hefe hineinbröseln und mit 100 ml Milch und etwas Mehl vom Rand zu einem Vorteig verrühren. Abdecken und für ☉ 15 Minuten bei Zimmertemperatur gehen lassen.

Nach dem Gehen die restliche Milch, Salz und gehackte Maronen zugeben. Alles für einige Minuten zu einem geschmeidigen Teig verrühren, abdecken und für ☉ 1 Stunde erneut gehen lassen.

Währenddessen den Backofen auf 220 °C vorheizen. Ein Gefäß mit Wasser in den Ofen stellen (s. S. 19). Den Teig nochmals durchkneten, zu einem länglichen Laib formen und mit Mehl bestäuben.

Abgedeckt ein letztes Mal für ☉ 45 Minuten gehen lassen. Dann im Ofen ☉ 40–45 Minuten backen. Herausnehmen und auf einem Gitter abkühlen lassen.

200 g Maronen
400 g Weizenmehl (Type 550)
200 g Roggenmehl (Type 1370)
42 g Frischhefe
375 ml lauwarme Milch
2 TL Salz

Ergibt 1 Brot
Zubereitung: ☉ ca. 1 Stunde
Teigruhe: ☉ 2 Stunden
Backzeit: ☉ 40–45 Minuten
Einfach

Kürbisbrot

Foto im Umschlag vorne links

1 kleiner Hokkaido-Kürbis
(ca. 1 kg ergibt 700 g Püree)
5 Stängel Thymian
1 TL Zucker
3 EL Olivenöl
350 g Dinkelmehl (Type 630)
400 g Weizenmehl (Type 1050)
20 g Frischhefe
100 ml lauwarme Milch
2 TL Salz
25 g weiche Butter

Ergibt 1 Brot
Zubereitung:
⊙ ca. 1¾ Stunden
Teigruhe: ⊙ 2¼ Stunden
Backzeit: ⊙ 45 Minuten

Den Backofen auf 190 °C vorheizen. Den Kürbis vierteln, den Strunk abschneiden und mit einem Löffel das Innere entfernen. Die Kürbisviertel mit Thymian, Zucker und Olivenöl dicht in Alufolie verpacken. Das Paket auf ein Backblech geben und im Ofen in ⊙ 60 Minuten weich schmoren.

Herausnehmen und das Fruchtfleisch mit einem Messer von der Schale lösen. In einen hohen Behälter geben und mit dem Stabmixer fein pürieren.

Beide Mehlsorten in eine Schüssel geben und mit den Händen eine Mulde formen. Die Hefe in der Milch auflösen und in die Mulde gießen. Mit etwas Mehl zu einem Vorteig verrühren. Die Schüssel abdecken und den Vorteig für ⊙ 15 Minuten gehen lassen.

Danach das Kürbispüree sowie Salz und Butter zugeben. Alles zu einem geschmeidigen Teig verkneten und auf der bemehlten Arbeitsfläche mit den Händen unter Druck rund formen. Einmal umdrehen und auf ein Backblech mit Backpapier geben. Den Teig abgedeckt für ⊙ ca. 2 Stunden gehen lassen. In dieser Zeit sollte sich sein Volumen verdoppeln.

Inzwischen den Backofen auf 200 °C vorheizen. Das Brot in ⊙ 45 Minuten im Ofen goldbraun backen. Herausnehmen und auf einem Gitter abkühlen lassen.

Kürbisbrötchen

Für die Zubereitung des Teiges genauso wie beim Kürbisbrot verfahren (s. S. 40). Nach dem Kneten den Teig in 80-g-Portionen teilen und diese mit den Händen rund wirken (s. S. 16). Die Kürbiskerne auf ein Backblech mit Backpapier geben und die geformten Brötchen darauflegen. Den Teig mit Frischhaltefolie abdecken und so lange gehen lassen, bis sich sein Volumen verdoppelt hat.

Inzwischen den Backofen auf 220 °C vorheizen. Vor dem Backen alle Brötchen umdrehen, sodass die Kürbiskerne oben sind. Dann das Backblech für ☉ 25 Minuten in den Ofen schieben. Nach der Backzeit herausnehmen und die Kürbisbrötchen auf einem Gitter abkühlen lassen.

Tipp: Auch andere Kürbisarten eignen sich für dieses Rezept. Sie erzielen jedoch nicht die wunderbare Farbe wie ein Hokkaido-Kürbis. Wer mag, kann für eine besonders leckere Geschmacksnote noch einen Teelöffel gemahlenen Kreuzkümmel in den Teig geben.

Foto im Umschlag vorne rechts

Zutaten wie auf S. 40
50 g Kürbiskerne

Ergibt 20 Brötchen
Zubereitung:
☉ ca. 1¾ Stunden
Teigruhe: ☉ 1½ Stunden
Backzeit: ☉ 25 Minuten

Vollkornbrot

Für den Quellteig alle Zutaten in einer Schüssel verrühren und für ☉ 1 Stunde gehen lassen.

Für den Hauptteig beide Mehle in einer anderen Schüssel mit dem Salz mischen. Die Hefe in Wasser auflösen und mit dem Sauerteig sowie dem Gerstenmalzsirup zum Mehl geben. Den Quellteig ebenfalls zufügen und alles zu einem Teig verarbeiten. In eine gebutterte und mit den Roggenflocken ausgekleidete Kastenform geben und für ☉ 40 Minuten bei Zimmertemperatur abgedeckt gehen lassen.

Inzwischen den Backofen auf 180 °C vorheizen. Ein Gefäß mit Wasser in den Ofen stellen (s. S. 19). Das Roggenvollkornbrot ☉ 1⅓ Stunden im Ofen backen. Herausnehmen und auf einem Gitter abkühlen lassen.

Quellteig:
50 g Haferflocken
100 g Roggen-Vollkornschrot
50 g Sonnenblumenkerne
200 ml lauwarmes Wasser

Hauptteig:
200 g Weizenmehl
(Type 450)
420 g Roggenmehl
(Type 1150)
1 EL Salz
42 g Frischhefe
450 ml lauwarmes Wasser
150 g reifer Sauerteig
30 g Gerstenmalzsirup

Außerdem:
1 EL Butter
50 g Roggenflocken

Ergibt 1 Kastenbrot
Zubereitung: ☉ ca. 25 Minuten
Teigruhe: ☉ 1⅔ Stunden
Backzeit: ☉ 1⅓ Stunden

Kartoffelbrot

680 g gekochte mehlige
Kartoffeln
4 TL Salz
42 g Frischhefe
¼ l lauwarmes Wasser
2 EL Olivenöl
670 g Weizenmehl (Type 550)

Die Kartoffeln mit der Schale in reichlich Salzwasser in
⊙ 30 Minuten weich kochen. Das Wasser abgießen, die
Kartoffeln ⊙ 5 Minuten ausdampfen lassen, schälen und
durch eine Presse in eine Schüssel drücken.

Die Hefe in Wasser auflösen und mit den restlichen Zutaten zu den Kartoffeln geben. Alles rasch zu einem geschmeidigen Teig verkneten. Eventuell noch etwas Mehl
zufügen. Für ⊙ 1 Stunde abgedeckt bei Zimmertemperatur
gehen lassen. Nach ⊙ 30 Minuten einmal ziehen und falten
(s. S. 18). Nach dem Gehen nochmals ziehen und falten.

Den Backofen auf 230 °C vorheizen. Ein Gefäß mit Wasser
in den Ofen stellen (s. S. 19). Den gegangenen Teig mit der
Teigkarte auf der stark bemehlten Arbeitsfläche in drei
Portionen teilen. Daraus jeweils mit den Händen runde
Brote formen und diese auf ein Backblech mit Backpapier
legen. Nochmals für ⊙ 20 Minuten abgedeckt gehen lassen.

Anschließend ⊙ 10 Minuten im Ofen backen, danach die
Temperatur auf 210 °C reduzieren und das Wasser entfernen. In weiteren ⊙ 30 Minuten goldbraun backen. Herausnehmen und abkühlen lassen.

Ergibt 3 Brote
Zubereitung:
⊙ ca. 1½ Stunden
Teigruhe: ⊙ 1⅓ Stunden
Backzeit: ⊙ 40 Minuten

Schwarzbrot

200 g Roggenschrot mit dem Sauerteig und 200 ml Wasser in einer Schüssel verrühren und abgedeckt für ☉ ca. 1 Stunde quellen lassen. Anschließend die restlichen Zutaten zufügen und mit der Küchenmaschine oder dem Handmixer zu einem glatten Teig verrühren.

Den Teig gleichmäßig in eine gefettete Kastenform oder in zwei gefettete runde Brotformen geben und glatt streichen. Abgedeckt an einem warmen Ort für ☉ 40–60 Minuten bzw. so lange gehen lassen, bis sich sein Volumen verdoppelt hat.

Inzwischen den Backofen auf 240 °C vorheizen. Das Brot ☉ 10 Minuten bei 240 °C, dann weitere ☉ 50 Minuten bei 210 °C backen. Den Backofen ausschalten und das Brot im geschlossenen Ofen erkalten lassen.

425 g Roggenschrot
110 g reifer Sauerteig
300 ml lauwarmes Wasser
150 g Weizenmehl (Type 1050)
100 g Roggenmehl (Type 930)
12 g Salz
10 g Frischhefe
1 EL Gerstenmalzsirup
2 EL Melasse oder
Zuckerrübensirup

Außerdem:
Etwas Butter zum Einfetten

Ergibt 1 Kastenbrot
oder 2 runde Brote
Zubereitung: ☉ ca. 20 Minuten
Teigruhe: ☉ ca. 2 Stunden
Backzeit: ☉ 1 Stunde

Sonntagsbrötchen

Foto auf Seite 48

1 kg Weizenmehl (Type 550)
30 g Backmalz
30 g Butter
30 g Frischhefe
20 g Salz
560 ml Wasser

Alle Zutaten miteinander vermischen und in der Küchenmaschine ⊙ ca. 10 Minuten kneten. Der Teig sollte sich nun geschmeidig anfühlen. In eine Schüssel geben und mindestens für ⊙ 2 Stunden bei Zimmertemperatur gehen lassen. Nach ca. der Hälfte der Gehzeit einmal ziehen und falten (s. S. 18).

Den Teig zu 70 g schweren Teiglingen abwiegen. Diese auf der Arbeitsfläche rund wirken (s. S. 16) und für ⊙ 15 Minuten mit Frischhaltefolie abdecken. Dann die Teiglinge länglich formen, auf das bemehlte Backblech legen und erneut abdecken. Für mindestens ⊙ 30 Minuten gehen lassen.

Den Backofen auf 250 °C vorheizen. Ein Gefäß mit Wasser in den Ofen stellen (s. S. 19). Die Teiglinge mit einer Rasierklinge oder einem scharfen Messer einmal der Länge nach einschneiden und sofort in den Ofen stellen. Nach ⊙ ca. 10 Minuten die Temperatur auf 220 °C reduzieren, Wasser entfernen und die Brötchen in weiteren ⊙ 15–20 Minuten fertig backen.

Ergibt 23 Sonntagsbrötchen
Zubereitung: ⊙ ca. 50 Minuten
Teigruhe: ⊙ 2¾ Stunden
Backzeit: ⊙ 30 Minuten
Einfach

Körnerbrötchen

Beide Mehle in eine Schüssel geben. Mit den Händen eine Mulde formen, die Hefe hineinbröseln und mit 100 ml Wasser verrühren. Etwas Mehl vom Rand unterrühren und abgedeckt für ☉ 15 Minuten bei Zimmertemperatur gehen lassen.

Nach der Gehzeit das restliche Wasser sowie Butter, Honig und Salz untermischen. Alles mehrere Minuten zu einem geschmeidigen Teig verkneten. Die Schüssel mit etwas Mehl bestäuben, den Teig hineingeben und abgedeckt nochmals für ☉ 40 Minuten gehen lassen. Das Volumen des Teiges sollte sich in dieser Zeit verdoppeln. Anschließend den Teig auf die bemehlte Arbeitsfläche stürzen, mit den Händen etwas flach drücken und mit einer Teigkarte 60-g-Portionen abstechen.

Den Backofen auf 220 °C vorheizen. Die Oberfläche der Brötchen mit etwas Wasser bepinseln. Kürbiskerne, Sonnenblumenkerne und Sesam auf einem Blech mischen. Die Oberseite der Brötchen in der Körnermischung wälzen und auf ein Backblech mit Backpapier geben. Nochmals für ☉ 10 Minuten abgedeckt gehen lassen. Dann im Ofen in ☉ 20 Minuten goldbraun backen.

Foto auf Seite 49

170 g Dinkelmehl (Type 630)
280 g Weizenmehl (Type 550)
35 g Frischhefe
¼ l lauwarmes Wasser
50 g weiche Butter
1 EL Honig
1 TL Salz
50 g Kürbiskerne
50 g Sonnenblumenkerne
30 g Sesam

Ergibt 13 Körnerbrötchen
Zubereitung: ☉ ca. 40 Minuten
Teigruhe: ☉ ca. 1 Stunde
Backzeit: ☉ 20 Minuten
Einfach

Schweizer Bürli

Foto auf Seite 52

Vorteig:
4 g Frischhefe
160 ml lauwarmes Wasser
25 g reifer Sauerteig
150 g Weizenmehl (Type 1050)

Hauptteig:
26 g Hefe
360 ml lauwarmes Wasser
25 g Salz
500 g Weizenmehl (Type 1050)
170 g Weizenmehl (Type 550)

Ergibt 17 Bürli
Zubereitung: ⊙ ca. 40 Minuten
Teigruhe: ⊙ ca. 12 Stunden
Backzeit: ⊙ 30 Minuten
Anspruchsvoll

Für den Vorteig die Hefe im Wasser auflösen, den Sauerteig zugeben und mit dem Mehl verrühren. Gut abgedeckt über Nacht bei Raumtemperatur ruhen lassen.

Am nächsten Tag für den Hauptteig die Hefe im Wasser auflösen und zusammen mit den restlichen Zutaten und dem Vorteig in einer Küchenmaschine ⊙ ca. 5 Minuten kneten. Abgedeckt für ⊙ 90 Minuten ruhen lassen, in dieser Zeit alle ⊙ 30 Minuten ziehen und falten (s. S. 18), anschließend immer wieder gut abdecken.

Den Teig auf die bemehlte Arbeitsfläche geben und mit einer Teigkarte in ca. 80 g schwere Bürli abwiegen. Die Teiglinge mit genügend Abstand nebeneinandersetzen. Dabei sollten sich immer zwei berühren, sodass „Doppelbürli" entstehen, die beim Backen zusammenwachsen. Leicht bemehlen, mit Frischhaltefolie abdecken und für ⊙ ca. 1½ Stunden gehen lassen.

Den Backofen auf 250 °C vorheizen. Ein Gefäß mit Wasser in den Ofen stellen (s. S. 19). Die Bürli vor dem Backen umdrehen und auf ein Backblech mit Backpapier geben. In den Ofen schieben und die Tür sofort schließen. ⊙ Ca. 15 Minuten backen, dann das Wasser entfernen, die Hitze auf 220 °C reduzieren und die Bürli in weiteren ⊙ 15 Minuten fertig backen. Sie sollten eine schöne dunkle Farbe bekommen.

Röggelchen

Für den Vorteig alle Zutaten miteinander in einer gut verschließbaren Schüssel verrühren und über Nacht bei Raumtemperatur ruhen lassen.

Am nächsten Tag den Vorteig und alle Zutaten für den Hauptteig in der Küchenmaschine ⊙ ca. 4 Minuten kneten. In eine Schüssel geben, gut abdecken und für ⊙ ca. 2 Stunden bei Zimmertemperatur ruhen lassen. Nach der Hälfte der Zeit den Teig einmal ziehen und falten (s. S. 18).

Den Teig auf die leicht bemehlte Arbeitsfläche geben und in 80 g schwere Teiglinge teilen. Rund wirken (s. S. 16) und immer zwei aneinandergesetzte Teiglinge auf ein Backblech mit Backpapier geben. Mit Frischhaltefolie abdecken und noch einmal für ⊙ ca. 45 Minuten gehen lassen.

Den Backofen auf 250 °C vorheizen. Ein Gefäß mit Wasser in den Ofen stellen (s. S. 19). Die Röggelchen in den Ofen geben und ⊙ 15 Minuten backen. Das Wasser aus dem Ofen entfernen und die Temperatur auf 220 °C reduzieren. In weiteren ⊙ 15 Minuten fertig backen. Auf einem Kuchengitter vollständig abkühlen lassen.

Tipp: Wer mag, kann in der letzten Minute des Teigknetens noch 60 g Rosinen zugeben.

Foto auf Seite 53

Vorteig:
5 g Frischhefe
50 g reifer Sauerteig
120 ml lauwarmes Wasser
80 g Roggenmehl
(Type 1150)

Hauptteig:
350 g Weizenmehl (Type 550)
80 g Roggenmehl (Type 1150)
10 g Frischhefe
15 g Fleur de Sel
13 g Backmalz
180 ml Wasser

Ergibt 10 Röggelchen
Zubereitung: ⊙ ca. 40 Minuten
Teigruhe: ⊙ ca. 12 Stunden
Backzeit: ⊙ 30 Minuten
Anspruchsvoll

Vinschgauer Brote

Beide Mehle in einer Schüssel mischen. Mit den Händen eine Mulde formen und die Hefe hineinbröseln, mit 100 ml Wasser verrühren und etwas Mehl vom Rand einarbeiten. Den so entstandenen Vorteig für ☉ 15 Minuten abgedeckt bei Zimmertemperatur gehen lassen.

Danach das restliche Wasser sowie Sauerteig, Salz, Kümmel, Fenchelsamen, Brotgewürz und Zucker zugeben. Alles zu einem Teig verarbeiten und für ☉ 2 Stunden abgedeckt gehen lassen.

Anschließend den Teig in 200-g-Portionen teilen, zu Kugeln formen und ☉ 5 Minuten entspannen lassen. Dann mit den Händen zu Fladen von ca. 20 cm Durchmesser flach drücken. Mit etwas Roggenmehl bestäuben und jeweils drei Stück auf ein Backblech mit Backpapier legen. Die Fladen nochmals abdecken und für weitere ☉ 40 Minuten gehen lassen.

Inzwischen den Backofen auf 200 °C vorheizen. Ein Gefäß mit Wasser in den Ofen stellen (s. S. 19). Die Vinschgauer ☉ 10 Minuten backen, danach das Wasser entfernen. In weiteren ☉ 15 Minuten fertig backen. Herausnehmen und abkühlen lassen.

300 g Roggenmehl (Type 1150)
300 g Roggenvollkornmehl
42 g Frischhefe
400 ml lauwarmes Wasser
150 g reifer Sauerteig
2 TL Salz
1 TL Kümmel
1 TL Fenchelsamen
1 EL Brotgewürz
1 EL Zucker

Außerdem:
Roggenmehl zum Bestäuben

Ergibt 6 Vinschgauer Brote
Zubereitung: ☉ ca. 35 Minuten
Teigruhe: ☉ ca. 3 Stunden
Backzeit: ☉ 25 Minuten

Ciabatta

Wasser, 500 g Mehl und Hefe mithilfe eines Kochlöffels zu einem Teig verrühren, mit Frischhaltefolie abdecken und für ⊙ 4 Stunden bei Zimmertemperatur gehen lassen. Danach das restliche Mehl, Salz, Olivenöl und Zucker einarbeiten und für weitere ⊙ 2 Stunden abgedeckt gehen lassen. Anschließend den Teig nochmals kurz durchkneten.

Für Ciabattabrötchen 90-g-Portionen mit einer Teigkarte abstechen. Für große Ciabattas 700-g-Stücke abstechen. Den portionierten Teig jeweils auf der stark bemehlten Arbeitsfläche zu einem Rechteck flach drücken. Die kurzen Seiten zur Mitte falten, dann die Längsseiten übereinanderlegen und etwas andrücken.

Den Backofen auf 220 °C vorheizen. Ein Gefäß mit Wasser in den Ofen stellen (s. S. 19). Die Ciabattas mit etwas Abstand auf ein Backblech mit Backpapier setzen und ⊙ 10 Minuten backen. Das Wasser entfernen und das Brot in weiteren ⊙ 15 Minuten, die Brötchen in weiteren ⊙ 5 Minuten goldbraun backen. Herausnehmen und abkühlen lassen.

½ l lauwarmes Wasser
750 g Weizenmehl (Type 405)
50 g Frischhefe
17 g Salz
140 g Olivenöl
10 g Zucker

Ergibt 2 Brote
oder 15 Brötchen
Zubereitung: ⊙ ca. 40 Minuten
Teigruhe: ⊙ 6 Stunden
Backzeit: ⊙ 15–25 Minuten

Baguette

Für den Vorteig alle Zutaten vermengen und gut abgedeckt über Nacht ruhen lassen.

Am nächsten Tag alle Zutaten für den Hauptteig vermengen und mit dem Vorteig in einer Küchenmaschine zusammenkneten, bis ein sehr weicher Teig entsteht, der sich von der Schüssel löst. Abgedeckt für ⊙ 5 Stunden gehen lassen, zwischendurch alle ⊙ 60 Minuten ziehen und falten (s. S. 18).

Anschließend den Teig in drei Portionen teilen und auf der stark bemehlten Arbeitsfläche leicht zu einem Rechteck flach klopfen. Von der langen Seite her aufrollen und abgedeckt für ⊙ 1 Stunde gehen lassen.

Inzwischen den Backofen auf 250 °C vorheizen. Ein Gefäß mit Wasser in den Ofen stellen (s. S. 19). Die Teiglinge mit viel Abstand auf ein Backblech mit Backpapier setzen und jeweils mit beiden Händen zu langen Baguettes ziehen. Mit einer Rasierklinge diagonal einschneiden. Sofort in den Ofen schieben und in ⊙ 30 Minuten goldbraun backen. Nach ⊙ 10 Minuten das Wasser entfernen.

Vorteig:
160 g Weizenmehl (Type 550)
160 ml Wasser
1 g Frischhefe

Hauptteig:
350 g Weizenmehl (Type 550)
220 ml Wasser
5 g Frischhefe
10 g Salz

Ergibt 3 Baguettes
Zubereitung: ⊙ ca. 30 Minuten
Teigruhe: ⊙ ca. 14 Stunden
Backzeit: ⊙ 30 Minuten
Anspruchsvoll

Italienisches Landbrot

Weizensauerteig, Hefe und 100 ml Wasser in einer Schüssel verrühren und über Nacht abgedeckt bei Zimmertemperatur gehen lassen.

Am nächsten Tag Weizenmehl, 400 ml Wasser, Olivenöl und Salz zugeben. Für ⊙ 10 Minuten in einer Küchenmaschine kneten. Den Teig mit Mehl bestäuben, in eine Schüssel geben und abgedeckt für ⊙ 2 Stunden gehen lassen.

Anschließend den Teig auf die bemehlte Arbeitsfläche geben und mit der Teigkarte in drei gleich große Stücke teilen. Die Teiglinge zu drei länglichen Broten formen (s. S. 17), auf ein Backblech mit Backpapier geben und mit Mehl bestäuben. Nochmals abgedeckt für ⊙ 20 Minuten gehen lassen.

Den Backofen auf 240 °C vorheizen. Ein Gefäß mit Wasser in den Ofen stellen (s. S. 19). Die Brote mit einer Rasierklinge gleichmäßig einschneiden und ⊙ 10 Minuten backen. Dann die Temperatur auf 200 °C reduzieren und das Wasser entfernen. Für weitere ⊙ 35 Minuten backen. Herausnehmen und auf einem Gitter abkühlen lassen.

300 g reifer Weizensauerteig
15 g Frischhefe
½ l lauwarmes Wasser
1 kg Weizenmehl (Type 550)
50 g Olivenöl
20 g Salz

Ergibt 3 Brote
Zubereitung: ⊙ ca. 1 Stunde
Teigruhe: ⊙ ca. 12 Stunden
Backzeit: ⊙ 45 Minuten

Avocadocreme

Eistreich

Kürbis-Chutney

Thunfischcreme

Kräuterbutter

Olivencreme

Knoblauchcreme

Paprika-Pinienkern-Creme

Auberginencreme

Grobe Forellenpaste

Brotaufstriche

Avocadocreme

2 Avocados
3 EL Limettensaft
1 EL Olivenöl
Salz, Pfeffer
1 EL Crème fraîche

Avocados halbieren, Kerne entfernen und das Fruchtfleisch auslösen. Klein schneiden, mit Limettensaft und Olivenöl fein mixen. Mit Salz und Pfeffer abschmecken und die Crème fraîche unterheben.

Eistreich

5 Eier, hart gekocht
2 EL Mayonnaise
1 EL Crème fraîche
3 Gurken
Salz, Pfeffer
1 EL Gurkenwasser

Eier schälen, halbieren und das Eigelb in eine kleine Schüssel geben. Mayonnaise und Crème fraîche zugeben und mit einer Gabel alles verrühren. Gurken fein würfeln und zufügen. Mit Salz, Pfeffer und etwas Gurkenwasser abschmecken. Eiweiß fein hacken und unterheben.

Kürbis-Chutney

2 EL Olivenöl
500 g Butternut-Kürbis, fein gewürfelt
1 Zwiebel, fein gewürfelt
2 EL brauner Zucker
Salz, Pfeffer
150 ml Weißwein
2 EL Weißweinessig
1 EL Butter

Olivenöl in einem Topf erhitzen, Kürbis- und Zwiebelwürfel zugeben und ☉ 10 Minuten anschwitzen. Mit Zucker, Salz und Pfeffer würzen und mit Weißwein ablöschen. Abgedeckt ☉ 15 Minuten weich köcheln. Mit Weißweinessig abschmecken und den Sud einkochen. Mit Butter verfeinern.

Brotaufstriche

Kräuterbutter

Die Butter für ⊙ 10 Minuten mit dem Rührgerät schaumig schlagen. Alle Kräuter abbrausen, trocken tupfen und von den Stängeln zupfen, mit dem Knoblauch fein hacken. Unter die Butter heben und mit Salz und Pfeffer abschmecken.

Tipp: Für Bärlauchbutter (Foto auf S. 113) 50 g grob gehackte Bärlauchblätter mit 100 g weicher Butter fein pürieren. In eine Schüssel geben, mit je 25 g Salz und Pfeffer sowie 1 Prise Cayennepfeffer würzen. Dann weitere 80 g weiche Butter zugeben und alles gut vermischen.

150 g weiche Butter
1 Stängel Rosmarin
5 Stängel Thymian
2 Stängel Estragon
½ Bund Petersilie
1 kleine Knoblauchzehe
Salz, Pfeffer

Thunfischcreme

Thunfisch abtropfen lassen und zusammen mit Limettensaft, Crème fraîche, Kapern, Salz und Pfeffer fein mixen. Eventuell nochmals abschmecken.

2 Dosen Thunfisch
Saft von 1 Limette
70 g Crème fraîche
1 TL kleine Kapern
Salz, Pfeffer

Olivencreme

150 g Kalamata-Oliven
4 EL gutes Olivenöl
1 Sardellenfilet
2 Stängel Thymian
1 EL Rotweinessig
Salz, Pfeffer
½ TL Zucker

Oliven entsteinen und zusammen mit Olivenöl, Sardellenfilet, den abgebrausten, trocken getupften und abgezupften Thymian-Blättchen sowie Rotweinessig fein mixen. Mit Salz, Pfeffer und Zucker abschmecken.

Knoblauchcreme

3 Knoblauchknollen
4 EL Olivenöl
Salz, Pfeffer

Den Backofen auf 190 °C vorheizen. Den Knoblauch quer halbieren, auf ein großes Stück Alufolie legen und mit Olivenöl beträufeln. Mit Salz und Pfeffer kräftig würzen. Alufolie fest verschließen und für ⊙ 45 Minuten im Backofen schmoren. Herausnehmen und etwas abkühlen lassen. Die Knoblauchzehen aus der Schale drücken, fein mixen und nochmals abschmecken.

Paprika-Pinienkern-Creme

3 Paprika, geputzt
Salz, Pfeffer
2 EL Olivenöl
3 Zweige Thymian
3 EL Pinienkerne, geröstet

Den Backofen auf 190 °C vorheizen. Die Paprika auf ein Backblech geben, mit Salz und Pfeffer würzen und mit Olivenöl beträufeln. Thymian-Blättchen abbrausen, trocken tupfen, abzupfen und zugeben. Im Ofen für ⊙ 1–1 ½ Stunden schmoren. Paprika häuten und etwas abtupfen. Zusammen mit den Pinienkernen fein mixen und nochmals mit Salz und Pfeffer abschmecken.

Auberginencreme

Den Backofen auf 190 °C vorheizen. Die Auberginen mit einer Gabel rundherum einstechen. Auf ein großes Stück Alufolie geben und mit Salz und Pfeffer würzen. Olivenöl, Thymian und Knoblauch zugeben und die Alufolie fest verschließen. Für ⊙ 1 Stunde im Ofen schmoren. Etwas abkühlen lassen, mit einem Messer halbieren, Fruchtfleisch mit einem Löffel auslösen und in einen Messbecher geben. Knoblauchzehen ausdrücken und zugeben. Kräftig mit Salz und Pfeffer würzen und fein mixen. Zum Schluss Sesam und Kreuzkümmel unterheben.

2 Auberginen
Salz, Pfeffer
4 EL Olivenöl
1 Stängel Thymian
2 Knoblauchzehen
2 EL Sesam, geröstet
1 TL Kreuzkümmel

Grobe Forellenpaste

Forellenfilets grob hacken und mit Senf, Sahnemeerrettich und Crème fraîche vermischen. Mit Salz und Pfeffer abschmecken.

130 g geräucherte Forelle
1 TL mittelscharfer Senf
1 TL Sahnemeerrettich
2 EL Crème fraîche
Salz, Pfeffer

Süßer Genuss

Allerbester Sonntagsstuten

Alle Zutaten bis auf die Butter zu einem geschmeidigen Teig kneten. Dann die Butter zugeben und nur so lange kneten, bis sie sich aufgelöst hat. Den Teig mit Frischhaltefolie abdecken und für ☉ ca. 1 Stunde gehen lassen. Dann zu einem Zopf flechten.

Eine Kastenform mit Butter auskleiden und mit Mehl bestäuben. Den geformten Zopf hineinlegen und mit Frischhaltefolie abdecken. Den Hefezopf für ☉ ca. 1 Stunde gehen lassen. In dieser Zeit sollte sich sein Volumen verdoppeln.

Den Backofen auf 175 °C vorheizen. Das Eigelb mit Wasser mischen, den Stuten damit bestreichen und in den Backofen stellen. In ☉ 1 Stunde fertig backen. Den Stuten nach ☉ ca. 40 Minuten mit Alufolie abdecken, damit er nicht zu dunkel wird.

480 g Weizenmehl (Type 550)
42 g Frischhefe
$1/8$ l kalte Milch
75 g Zucker
1 Ei, 2 Eigelb
90 g passierte Kartoffeln vom Vortag
15 g Salz
Abrieb einer unbehandelten Zitrone
Abrieb einer unbehandelten Orange
50 ml Rum
75 g Rosinen
120 g weiche Butter

Außerdem:
½ EL Butter
2 EL Mehl
1 Eigelb
2 EL Wasser

Ergibt 1 Stuten
Zubereitung: ☉ ca. 40 Minuten
Teigruhe: ☉ 2 Stunden
Backzeit: ☉ 1 Stunde

Süßer Brotauflauf

Den Backofen auf 180 °C vorheizen. Eine ofenfeste Auflaufform mit etwas Butter auskleiden. Den Sonntagsstuten in Stücke schneiden. Die Milch mit Eiern und Zucker verrühren. Jedes Stück Stuten durch die Milch-Ei-Mischung ziehen und in die Form geben. Die restliche Mischung darübergießen und die Butter in Stücken auf dem Brotauflauf verteilen. In den Ofen schieben und ⊙ 45 Minuten backen.

Braunen Zucker mit Zimt mischen und über den noch warmen Auflauf streuen.

Tipp: Dieser Auflauf schmeckt auch hervorragend mit Früchten. Dazu einfach 450 g TK-Früchte auf dem eingeweichten Brot verteilen und backen. Anstelle von Zimt und Zucker mit etwas Puderzucker bestreuen.

350 g Sonntagsstuten
(Rezept auf S. 73)
½ l Milch
3 Eier
2 EL Zucker
30 g Butter in Stücken

Außerdem:
Etwas Butter zum Einfetten
50 g brauner Zucker
1 TL Ceylon-Zimt

Für 1 Auflaufform
Zubereitung: ⊙ ca. 30 Minuten
Backzeit: ⊙ 45 Minuten
Einfach

Hefezopf

Hefezopf

Foto im Umschlag hinten links

650 g Weizenmehl (Type 405)
42 g Frischhefe
¼ l lauwarme Milch
100 g Zucker
50 g weiche Butter
2 Eier
1 TL Salz

Außerdem:
1 Eigelb
1 EL kaltes Wasser

Ergibt 1 Hefezopf
Zubereitung: ☉ ca. 40 Minuten
Teigruhe: ☉ 1⅓ Stunden
Backzeit: ☉ 40 Minuten

Das Mehl in eine Schüssel geben und mit den Händen eine Mulde formen. Die Frischhefe in der Milch auflösen und in die Vertiefung füllen. Etwas Mehl vom Rand unterrühren, sodass ein flüssiger Vorteig entsteht. Mit Frischhaltefolie abdecken und an einem warmen Ort für ☉ 15 Minuten gehen lassen.

Anschließend die restlichen Zutaten zugeben und für ☉ 5 Minuten in der Küchenmaschine zu einem geschmeidigen Teig kneten. In eine Schüssel geben und abgedeckt für ☉ ca. 50 Minuten gehen lassen. Das Volumen sollte sich in dieser Zeit verdoppeln.

Den Teig auf der Arbeitsfläche in drei gleich schwere Stücke teilen. Jedes Stück zu einem ca. 50 cm langen Strang rollen. Nebeneinanderlegen, am oberen Ende fest zusammendrücken und zu einem Zopf flechten. Auf ein Backblech mit Backpapier legen. Nochmals mit Frischhaltefolie abdecken und bei Zimmertemperatur für ☉ 15 Minuten gehen lassen.

Den Backofen auf 180 °C vorheizen. Das Eigelb mit Wasser verrühren und den Zopf damit bestreichen. ☉ 35–40 Minuten im Ofen backen. Anschließend auf einem Gitter abkühlen lassen.

Kleine Hefebrötchen

Für die Zubereitung des Teiges genauso wie beim Hefezopf verfahren (s. S. 76). Nachdem der Teig sein Volumen
verdoppelt hat, diesen in sechs gleich große Stücke teilen. Nochmals dritteln und in längliche Stränge von ca.
20 cm rollen. Nebeneinanderlegen, am oberen Ende fest
zusammendrücken und zu einem kleinen Zopf flechten.
Auf ein Backblech mit Backpapier legen.

Nochmals mit Frischhaltefolie abdecken und bei Zimmertemperatur für ⊙ 15 Minuten gehen lassen.

Den Backofen auf 180 °C vorheizen. Das Eigelb mit Wasser
verrühren und die Hefebrötchen damit bestreichen. Dann
mit dem Hagelzucker bestreuen. Im Ofen in ⊙ 25 Minuten goldbraun backen. Anschließend auf einem Gitter abkühlen lassen.

Foto im Umschlag hinten rechts

Zutaten wie auf S. 76
2 EL Hagelzucker

Außerdem:
1 Eigelb
1 EL kaltes Wasser

Ergibt 6 Hefebrötchen
Zubereitung: ⊙ ca. 50 Minuten
Teigruhe: ⊙ 1⅓ Stunden
Backzeit: ⊙ 25 Minuten

Nussschnecken

Das Mehl mit Zucker und Salz in einer Schüssel vermischen. Mit den Händen eine Mulde formen, die Frischhefe hineinbröseln und mit etwas Milch und etwas Mehl zu einem Vorteig verrühren. Diesen abgedeckt bei Zimmertemperatur für ⊙ 15 Minuten gehen lassen. In der Zwischenzeit die Butter bei geringer Hitze schmelzen. Zusammen mit der restlichen Milch und den Eigelben mit dem Vorteig und dem restlichen Mehl für ⊙ 5 Minuten zu einem geschmeidigen Teig kneten. Abgedeckt für ⊙ ca. 40 Minuten gehen lassen, bis sich sein Volumen verdoppelt hat.

Für die Füllung die Haselnüsse auf einem Blech mit Backpapier im Ofen rösten, bis sie etwas Farbe bekommen haben. In eine Schüssel geben und mit Zucker und Zimt vermischen. Die Milch aufkochen und mit den Nüssen verrühren. Zum Schluss die geriebene Schokolade und die Butter einarbeiten.

Den Backofen auf 180 °C vorheizen. Den Teig auf der bemehlten Arbeitsfläche zu einem Rechteck von 40 x 50 cm ausrollen. Darauf die Nussfüllung vorsichtig mit einer Palette verteilen, dabei die Ränder etwas aussparen. Den Teig aufrollen und in 5–7 cm breite Stücke schneiden. In eine gefettete Form geben. Eigelb mit Milch verrühren und die Schnecken damit bestreichen. Die Form abdecken und die Schnecken nochmals für ⊙ 20 Minuten gehen lassen. Anschließend im Ofen in ⊙ 45 Minuten goldbraun backen.

500 g Weizenmehl (Type 550)
50 g Zucker
1 Prise Salz
42 g Frischhefe
200 ml lauwarme Milch
130 g Butter
2 Eigelb

Für die Füllung:
400 g Haselnüsse
80 g Zucker
1 TL gemahlener Zimt
300 ml Milch
50 g geriebene dunkle Kuvertüre
60 g Butter

Außerdem:
1 Eigelb
2 EL Milch
½ EL Butter zum Einfetten

Für 1 Auflaufform
Zubereitung: ⊙ ca. 2 Stunden
Teigruhe: ⊙ 1¼ Stunden
Backzeit: ⊙ 45 Minuten

Bananenbrot

Alle Zutaten Zimmertemperatur annehmen lassen.
Den Backofen auf 180 °C vorheizen. Für den Teig Butter,
Zucker und Salz cremig schlagen, bis sich der Zucker fast
vollständig aufgelöst hat. Ein Ei nach dem anderen zugeben und weiter schlagen. Jedes Ei muss komplett von
der Butter-Zucker-Mischung aufgenommen werden, bevor
das nächste zugegeben werden kann. Die Bananen schälen,
mit einer Gabel zerdrücken und unter die Butter-Zucker-
Ei-Mischung rühren. Natron mit dem Mehl mischen und
ebenfalls unterrühren.

Den Teig in eine mit Backpapier ausgelegte oder gebutterte
Kastenform füllen und im Backofen ☉ ca. 1 Stunde backen.

250 g weiche Butter
200 g Zucker
1 Prise Salz
4–5 Eier
ca. 280 g reife Bananen
320 g Weizenmehl (Type 405)
2 gestrichene TL Natron

Außerdem:
Butter zum Einfetten

Für 1 Kastenform
Zubereitung: ☉ ca. 30 Minuten
Backzeit: ☉ 1 Stunde
Einfach

Einback

500 g Weizenmehl (Type 405)
30 g Frischhefe
150 ml Milch
40 g Zucker
90 g Butter
1 TL Salz
2 Eiweiß

Außerdem:
Etwas Butter zum Einfetten
1 EL Zucker
3 EL warmes Wasser

Das Mehl in eine Schüssel geben, mit den Händen eine Mulde formen. Die Hefe in der Milch auflösen und in die Vertiefung füllen. Mit etwas Mehl verrühren und abgedeckt für ☉ ca. 1 Stunde gehen lassen. Die restlichen Zutaten zugeben und mit dem Handrührgerät mit Knethaken so lange zu einem glatten Teig kneten, bis er sich vom Rand löst. Alternativ eine Küchenmaschine verwenden.

Ovale Teigstücke von ca. 8 cm Länge und 2 cm Breite formen. Aneinander auf ein gefettetes Backblech legen und mit Frischhaltefolie abdecken. Erneut für ☉ 20 Minuten gehen lassen. Die Teiglinge sollten nun fast das doppelte Volumen haben.

Den Backofen auf 180 °C vorheizen. Zucker im Wasser auflösen. Einback damit bestreichen und in den Ofen schieben. ☉ 35 Minuten backen. Anschließend nochmals mit dem Zuckerwasser bestreichen und vollständig abkühlen lassen.

Ergibt 7 Einbacke
Zubereitung: ☉ ca. 40 Minuten
Teigruhe: ☉ 1⅓ Stunden
Backzeit: ☉ 35 Minuten

Franzbrötchen

Das Mehl zusammen mit Zucker und Salz in einer Schüssel vermischen. Mit den Händen eine Mulde formen. Die Hefe zerbröseln und mit etwas Milch in die Vertiefung füllen. Mit etwas Mehl zu einem Vorteig verrühren. Diesen abgedeckt bei Zimmertemperatur für ☉ 15 Minuten gehen lassen.

Anschließend die restliche Milch und die flüssige Butter mit dem Vorteig und dem restlichen Mehl zu einem geschmeidigen Teig kneten. Abgedeckt mit Frischhaltefolie für ☉ ca. 40 Minuten gehen lassen. In dieser Zeit sollte sich sein Volumen verdoppeln.

Den Teig auf der bemehlten Arbeitsfläche zu einem ca. 1 cm dicken Quadrat ausrollen. Die kalte Butter in dünne Scheiben schneiden und die eine Seite des Hefeteigs damit belegen (Seite 87, 1). Die andere Seite überschlagen und die Ränder sehr gut verschließen (2). Den Teig nochmals ausrollen und wie ein Tischtuch erst von der einen Seite einschlagen, dann mit der anderen Seite bedecken (3). Für ☉ 30 Minuten im Kühlschrank ruhen lassen. Anschließend auf der bemehlten Arbeitsfläche zu einem Rechteck von 60 x 40 cm ausrollen.

500 g Weizenmehl (Type 405)
60 g Zucker
1½ TL Salz
21 g Frischhefe
250 ml lauwarme Milch
60 g flüssige Butter
150 g kalte Butter

Außerdem:
150 g brauner Zucker
2 TL Ceylon-Zimt

Ergibt 10 Franzbrötchen
Zubereitung: ca. ☉ 1 Stunde
Teigruhe: ☉ 1⅔ Stunden
Backzeit: ☉ 20 Minuten
Anspruchsvoll

Franzbrötchen

Den Backofen auf 200 °C vorheizen. Braunen Zucker mit Zimt mischen und gleichmäßig auf den Teig streuen. Von der langen Seite her kompakt und gleichmäßig aufrollen (4). Die Teigrolle in zehn Stücke teilen (5) und mit etwas Abstand auf ein Backblech mit Backpapier geben. Mit einem Kochlöffelstiel die Franzbrötchen in der Mitte nach unten drücken (6), so bekommen sie ihre typische Form. Nochmals abgedeckt für ⊙ 15 Minuten gehen lassen.

Dann das Blech in den Ofen schieben und ⊙ 15–20 Minuten backen. Herausnehmen und auf einem Gitter abkühlen lassen.

Tipp: Wer die Franzbrötchen mal etwas anders genießen möchte, kann einfach einen Apfel in sehr feine Würfel schneiden und zusammen mit Zucker und Zimt auf dem Teig verteilen. Danach wie oben beschrieben weiterverfahren.

Franzbrötchen

Beerenbrötchen

Für den Teig Eier, Eigelbe und Milch mit zerkrümelter Hefe in einer Schüssel verrühren. Mehl, Zucker und Salz mischen, zugeben und verrühren. Die Butter in Stücken nach und nach in den Teig einarbeiten und alles ⊙ ca. 5 Minuten kneten. Abgedeckt mit Frischhaltefolie an einem warmen Ort für ⊙ 30 Minuten gehen lassen. Nochmals auf der bemehlten Arbeitsfläche durchkneten und abgedeckt für weitere ⊙ 30 Minuten gehen lassen. Anschließend den Teig flach drücken und mehrmals falten. In acht Stücke teilen, zu Kugeln formen und jeweils dünn, kreisförmig ausrollen. Auf ein Blech mit Backpapier legen und abgedeckt erneut für ⊙ ca. 1 Stunde gehen lassen.

Für die Vanillecreme die Stärke mit den Eigelben in etwas Milch auflösen. Die restliche Milch mit Zucker und Vanillemark aufkochen. Die Stärke-Ei-Mischung einrühren und kurz mitkochen lassen. Die Butter unter Rühren zufügen. Dann abkühlen lassen.

Den Backofen auf 180 °C vorheizen. Nach der Gehzeit die Beerenbrötchen in der Mitte mit den Fingern leicht flach drücken, mit der Creme bestreichen und reichlich mit Früchten belegen. Den Rand mit etwas verquirltem Ei bestreichen. Die Brötchen auf einem Backblech mit Backpapier auf mittlerer Schiene in ⊙ 15–20 Minuten goldbraun backen. Mit Puderzucker bestreut servieren.

2 Eier
2 Eigelb
3 EL lauwarme Milch
21 g Frischhefe
300 g Weizenmehl (Type 405)
3 EL Zucker
½ TL Salz
125 g weiche Butter

Vanillecreme:
30 g Speisestärke
2 Eigelb
250 ml kalte Milch
2 gehäufte EL Zucker
½ Vanilleschote, halbiert
25 g weiche Butter

Außerdem:
300 g gemischte Früchte
1 Ei, verquirlt
Puderzucker zum Bestäuben

Ergibt 8 Beerenbrötchen
Zubereitung: ⊙ ca. 1 Stunde
Teigruhe: ⊙ 2 Stunden
Backzeit: ⊙ 20 Minuten

Müslistangen

Das Früchtemüsli in 400 ml Wasser für mindestens
⊙ 2 Stunden einweichen. 150 ml Wasser mit Sauerteig,
Hefe und 100 g Mehl verrühren, mit Frischhaltefolie abgedeckt ebenso lange ruhen lassen.

Die restlichen Zutaten miteinander vermischen, den
Sauerteig und das eingeweichte Früchtemüsli zugeben
und alles in einer Küchenmaschine ca. ⊙ 4 Minuten zu
einem geschmeidigen Teig kneten. Mit Frischhaltefolie
abgedeckt für ⊙ 2 Stunden gehen lassen. Dabei alle
⊙ 40 Minuten ziehen und falten (s. S. 18). Den Teig auf
die leicht bemehlte Arbeitsfläche geben und zu einem
Rechteck von 40 x 50 cm ausrollen. Mit Wasser bestreichen, mit einem Pizzaroller quer halbieren, die Müslimischung auf eine Hälfte streuen und verteilen. Die
andere Teighälfte darauflegen und andrücken.

Die Teigplatte quer in 4 cm breite Streifen schneiden,
einzeln in sich verdrehen und mit genügend Abstand auf
ein Backblech mit Backpapier legen. Mit Frischhaltefolie
abdecken und die Müslistangen erneut so lange gehen lassen, bis sich ihr Volumen verdoppelt hat.

Den Backofen auf 230 °C vorheizen. Ein Gefäß mit Wasser
in den Ofen stellen (s. S. 19). Die Müslistangen ⊙ 10 Minuten
backen. Dann das Wasser entfernen und die Temperatur auf
200 °C reduzieren. In weiteren ⊙ 15 Minuten fertig backen.

300 g Früchtemüsli ohne
Zuckerzusatz
550 ml Wasser
200 g reifer Sauerteig
20 g Frischhefe
700 g Weizenmehl (Type 1050)
20 g Salz

Außerdem:
3 El Wasser
100 g Müslimischung

Ergibt 10 Müslistangen
Zubereitung: ⊙
ca. 2½ Stunden
Teigruhe: ⊙ ca. 4½ Stunden
Backzeit: ⊙ 25 Minuten
Anspruchsvoll

Brioche

500 g Weizenmehl (Type 405)
50 g Zucker
12 g Salz
20 g Frischhefe
40 ml lauwarmes Wasser
5 Eier
250 g weiche Butter

Außerdem:
Etwas Butter zum Einfetten
2 EL Mehl
1 Eigelb
2 El Sahne

Mehl, Zucker und Salz in einer Schüssel mischen. Mit den Händen eine Mulde formen. Die Hefe im Wasser auflösen und in die Mulde geben. Mit etwas Mehl zu einem Vorteig verrühren und für ☉ 15 Minuten abgedeckt gehen lassen. Dann die Eier in eine kleine Schüssel schlagen und gut verquirlen, zum Vorteig geben und unterrühren. Die weiche Butter zugeben und alles für ☉ 5 Minuten in einer Küchenmaschine zu einem geschmeidigen Teig kneten. Bei Zimmertemperatur für ☉ 2 Stunden mit Frischhaltefolie abgedeckt gehen lassen. Danach über Nacht abgedeckt in den Kühlschrank stellen.

Am nächsten Tag den Teig nochmals durchkneten und in eine gebutterte und bemehlte Kastenform geben. Erneut abgedeckt für ☉ 2 Stunden gehen lassen.

Den Backofen auf 200 °C vorheizen. Das Eigelb mit der Sahne vermischen und die Brioche damit bestreichen. Im Ofen in ☉ 30–35 Minuten goldbraun backen.

Für 1 Kastenform
Zubereitung: ☉ ca. 40 Minuten
Teigruhe: ☉ ca. 12 Stunden
Backzeit: ☉ 35 Minuten

Schokobaguettes

500 g Weizenmehl (Type 405)
1 TL Salz
70 g Zucker
21 g Frischhefe
100 ml Milch
150 g zimmerwarme Butter
3 Eier
200 g dunkle Kuvertüre

Außerdem:
1 Eigelb
1 EL Sahne

Ergibt 7 Schokobaguettes
Zubereitung:
ca. ⊙ 1⅓ Stunden
Teigruhe: ⊙ ca. 2 Stunden
Backzeit: ⊙ 35 Minuten

Mehl, Salz und Zucker in eine Schüssel geben und vermischen. Mit den Händen eine Mulde formen und die Hefe hineinbröseln. Die Milch in einem kleinen Topf leicht erwärmen, in die Vertiefung geben und mit etwas Mehl zu einem Vorteig verrühren. Für ⊙ 15 Minuten mit Frischhaltefolie abgedeckt an einem warmen Ort gehen lassen.

Dann Butter und Eier zugeben und alles mehrere Minuten zu einem glatten Teig verkneten. Abdecken und nochmals an einem warmen Ort für ⊙ 1½ Stunden gehen lassen, bis sich das Volumen verdoppelt hat.

Den Backofen auf 180 °C vorheizen. Die Schokolade in eine kleine Schüssel fein raspeln. Den gegangenen Teig in sieben gleich große Stücke teilen. Erst alle Teigstücke rund wirken (s. S. 16), dann für ⊙ 5 Minuten entspannen lassen und schließlich mit einer Teigrolle zu dünnen Kreisen ausrollen. Jeweils mit 2 Esslöffeln Schokoladenraspeln bestreuen. Vorsichtig einrollen und auf ein Backblech mit Backpapier geben. Abgedeckt ein letztes Mal für ⊙ 15 Minuten gehen lassen.

Anschließend Eigelb und Sahne miteinander verrühren und die Schokobaguettes mithilfe eines Pinsels damit bestreichen. Im Ofen in ⊙ 35 Minuten goldbraun backen.

Kalifornisches Pflaumenbrot

Das Mehl in eine Schüssel geben, mit den Händen eine Mulde formen. Die Hefe in der Milch auflösen und in die Vertiefung füllen. Mit etwas Mehl verrühren und abgedeckt für ⊙ ca. 1 Stunde gehen lassen. Zucker, Salz und Butter zugeben und alles mit einem Handrührgerät mit Knethaken so lange zu einem glatten Teig kneten, bis er sich vom Rand löst. Alternativ eine Küchenmaschine verwenden. Die Backpflaumen vierteln und mit dem Teig vermengen. Erneut für ⊙ 1 Stunde gut abgedeckt gehen lassen. Nach ⊙ 45 Minuten den Teig einmal ziehen und falten (s. S. 18).

Den Teig auf die leicht bemehlte Arbeitsfläche geben und zu einer Kugel formen. ⊙ 10 Minuten entspannen lassen, dann länglich formen und so auf ein gefettetes Blech legen, dass die untere Seite nach oben zeigt. Mit Frischhaltefolie abdecken und nochmals für ⊙ 20 Minuten gehen lassen.

Den Backofen auf 180 °C vorheizen. Das Pflaumenbrot auf der mittleren Schiene ⊙ 50 Minuten backen. Aus dem Ofen nehmen, mit flüssiger Butter bestreichen und vollständig erkalten lassen.

Tipp: Dazu schmeckt besonders gut Ziegenfrischkäse.

350 g Weizenmehl (Type 550)
15 g Frischhefe
150 ml lauwarme Milch
40 g Zucker
1 Prise Salz
50 g Butter
200 g entsteinte Backpflaumen

Außerdem:
Etwas Butter zum Einfetten und Bestreichen

Ergibt 1 Brot
Zubereitung: ca. ⊙ 2 Stunden
Teigruhe: ⊙ 2½ Stunden
Backzeit: ⊙ 50 Minuten

Fruchtiger Brioche-Erdbeer-Salat

250 g Erdbeeren
2 EL brauner Zucker
2 EL Zitronensaft
350 g Brioche
(Rezept auf S. 92)
1 kleines Bund Basilikum

Die Erdbeeren waschen, den Blütenansatz entfernen und die Früchte halbieren. In einer Schüssel mit Zucker und Zitronensaft vermischen.

Die Brioche in mundgerechte Stücke schneiden. In der Pfanne bei mittlerer Temperatur ohne Fett goldbraun rösten. Basilikum abbrausen, trocken tupfen, klein schneiden und unter die Erdbeeren heben. Mit gerösteter Brioche vermischen und sofort servieren.

Ergibt 4 Portionen
Zubereitung: ca. ☉ 30 Minuten
Einfach

Croissants

Aus den oberen Zutaten einen glatten Hefeteig kneten. In eine Schüssel geben, mit Frischhaltefolie abdecken und für ☉ 1 Stunde bei Zimmertemperatur gehen lassen. Anschließend auf der leicht bemehlten Arbeitsfläche zu einem Rechteck von 40 x 50 cm ausrollen (Seite 102, 1). Die Butter in dünne Scheiben schneiden und damit die Hälfte des Teiges dicht belegen (2).

Die freie Teighälfte über die Butterseite legen und die Ränder fest andrücken (3). Vorsichtig ausrollen, sodass wieder ein Rechteck von 30 x 40 cm entsteht, dann optisch in drei Teile einteilen und so falten, dass sich drei Schichten ergeben (4). Mit Frischhaltefolie abdecken und für ☉ 30 Minuten in den Kühlschrank stellen.

Die Arbeitsfläche erneut leicht bemehlen und den Teig wieder zu einem großen Rechteck ausrollen. Die äußeren Seiten zur Mitte klappen, dann falten, sodass dieses Mal vier Schichten entstehen (5–6). Mit Frischhaltefolie abdecken und für weitere ☉ 30 Minuten in den Kühlschrank stellen. Dann Step 4 wiederholen und drei neue Schichten falten. Jetzt besteht der Teig aus insgesamt 36 Schichten. Wieder für ☉ 30 Minuten in den Kühlschrank stellen.

500 g kalte Milch
42 g Frischhefe
17 g Salz
65 g Zucker
900 g Weizenmehl
(Type 405)
30 g Butter

Außerdem:
300 g Butter zum Einschlagen
1 Eigelb
2 El Wasser

Ergibt 15–20 Croissants
Zubereitung: ca. ☉ 1½ Stunden
Teigruhe: ☉ 2½ Stunden
Backzeit: ☉ 25 Minuten
Anspruchsvoll

Croissants

Dann den Teig halbieren, die eine Hälfte im Kühlschrank lassen, die andere auf der leicht bemehlten Arbeitsfläche 0,5 cm dick ausrollen. Mit einem Pizzaroller einmal quer halbieren, dann in lange Dreiecke schneiden (7). Die einzelnen Dreiecke so drehen, dass die lange Spitze von einem weg zeigt. Dann die Croissants von der schmalen Seite zur Spitze aufrollen, die Enden dabei leicht nach außen drücken (8). Auf ein gefettetes und bemehltes Backblech legen, dabei leicht biegen. Die Spitze des Dreiecks sollte nach unten zeigen. Wieder mit Frischhaltefolie abdecken und zur doppelten Größe aufgehen lassen.

Den Backofen auf 200 °C vorheizen. Das Eigelb mit dem Wasser mischen und die Croissants damit vorsichtig einpinseln (9). In den Ofen schieben und ☉ 25 Minuten backen. Genauso mit der anderen Teighälfte verfahren. Die Croissants noch lauwarm servieren.

Tipp: Für Schokocroissants jeweils einen Riegel Schokolade mit in die Dreiecke rollen.

Christbrot

Für den Vorteig 100 g Mehl mit Hefe und Milch vermischen und für ☉ 1 Stunde mit Frischhaltefolie abgedeckt an einem warmen Ort gehen lassen. Die zerlassene, noch lauwarme Butter mit Eiern, Zucker, Salz und Zitronenabrieb verrühren. Alles mit dem Vorteig zu einem glatten Teig verarbeiten und diesen ca. ☉ 25 Minuten gehen lassen, bis er sein Volumen verdoppelt hat.

Rosinen, Mandeln, Zitronat und Orangeat mit dem Rum tränken. Rasch unter den gut gegangenen Teig kneten und diesen erneut für ☉ 1 Stunde gehen lassen. Anschließend den Teig halbieren und aus jeder Hälfte einen runden Laib formen. Auf ein Backblech mit Backpapier legen und mit Frischhaltefolie abdecken. Nochmals für ☉ ca. 30 Minuten gehen lassen, bis die Laibe ihr Volumen deutlich vergrößert haben.

Den Backofen auf 200 °C vorheizen. Die Christbrote auf der unteren Schiene ☉ ca. 45 Minuten backen. Herausnehmen, mit zerlassener Butter bestreichen, mit Vanillezucker bestreuen und mit Puderzucker besieben.

Tipp: In Alufolie verpackt, kann das Christbrot mindestens 1 Woche aufbewahrt werden.

600 g Weizenmehl (Type 550)
35 g Frischhefe
$1/8$ l Milch
120 g Butter
2 Eier
70 g Zucker
½ TL Salz
Abrieb von 1 unbehandelten Zitrone
120 g Rosinen
100 g gehackte Mandeln
100 g gewürfeltes Zitronat
50 g gewürfeltes Orangeat
40 ml brauner Rum

Außerdem:
130 g Butter
100 g Zucker, mit dem Mark von ½ Vanilleschote vermischt
Puderzucker zum Besieben

Ergibt 2 Brote
Zubereitung: ☉ ca. 1 Stunde
Teigruhe: ☉ ca. 3 Stunden
Backzeit: ☉ 45 Minuten

Selbst gemachter Schokoaufstrich

Quittengelee

Lemon Curd

Raspberry Curd

Pflaumenmarmelade

Brotaufstriche

Selbst gemachter Schokoaufstrich

200 ml Milch
1 El Honig
160 g Zartbitter-Schokolade
70 g Vollmilch-Schokolade
80 g Butter, in Stücke
geschnitten

Milch und Honig aufkochen und vom Herd nehmen. Schokoladen zugeben und schmelzen lassen. Nach ca. ☉ 15 Minuten in ein hohes, schmales Gefäß gießen und vorsichtig pürieren. Nach und nach die Butterstücke zugeben und weitermixen, bis eine homogene Masse entsteht. Dabei den Pürierstab nicht an die Oberfläche bewegen, damit keine Luft in den Aufstrich gelangt. In Schraubgläser füllen. Gekühlt ca. 1 Woche haltbar.

Quittengelee

Wasser
Saft von 1 Zitrone
2,5 kg Quitten
2 Sternanis
1,2 l Quittensaft
500 g Gelierzucker 1:3

Wasser mit Zitronensaft in einen Topf geben. Die Quitten waschen, in kleine Stücke schneiden und sofort in den Topf geben. Sie sollten knapp mit Wasser bedeckt sein. Sternanis zugeben, den Topf mit einem Deckel verschließen und alles in ☉ ca. 40 Minuten weich kochen. Anschließend durch ein Tuch passieren. Den entstandenen Saft abmessen (1,2 l) und Gelierzucker zugeben. Aufkochen und unter Rühren ☉ 5 Minuten kochen lassen. Heiß in Schraubgläser abfüllen.

Brotaufstriche

Lemon Curd

Die Zitronen gründlich waschen und die Schale fein abreiben, die Früchte auspressen. Zitronensaft und Schale, Zucker, Butter und Eier in eine Schüssel geben und verquirlen. Über einem Wasserbad so lange rühren, bis die Masse dicklich und cremig geworden ist. Achtung: Ab 80 °C gerinnt sie. Noch heiß in Schraubgläser füllen und fest verschließen. Abkühlen lassen und im Kühlschrank aufbewahren. Lemon Curd ist verschlossen ca. 2 Monate haltbar. Nach dem Öffnen schnell aufbrauchen.

6 unbehandelte Zitronen
320 g Zucker
250 g weiche Butter
4 Eier

Raspberry Curd

Himbeeren mit 100 g Zucker und Zitronensaft pürieren und passieren. In eine Schüssel geben, mit dem restlichen Zucker, der Butter und den Eiern verquirlen. Dann wie beim Lemon Curd weiterverfahren (s.o.).

250 g Himbeeren
300 g Zucker
40 ml Zitronensaft
250 g weiche Butter
4 Eier

Pflaumenmarmelade

Pflaumen, Rotwein und Gewürze in einen Topf geben und aufkochen. Für ☉ 20 Minuten leicht köcheln lassen, bis die Pflaumen weich sind. Gewürze wieder entfernen und Gelierzucker zufügen. Aufkochen und ☉ 5 Minuten unter Rühren köcheln lassen. Noch heiß in Schraubgläser füllen.

1 kg Pflaumen, entsteint
150 ml trockener Rotwein
1 Zimtstange
3 Nelken
400 g Gelierzucker 1:3

Besonderer Genuss

Dinkelring
mit Bärlauchbutter

Vorteig:

3 g Frischhefe

150 ml Wasser

100 g Dinkelvollkorngrieß

50 g Dinkelmehl (Type 630)

Hauptteig:

335 g Dinkelmehl (Type 630)

50 g Dinkelvollkornmehl

135 ml Wasser

20 g Frischhefe

16 g Salz

Füllung:

Bärlauchbutter (Rezept auf S. 67)

Ergibt 2 Dinkelringe

Zubereitung: ⊙ ca. 1 Stunde

Teigruhe: ⊙ 15 Stunden

Backzeit: ⊙ 35 Minuten

Anspruchsvoll

Für den Vorteig alle Zutaten vermischen und abgedeckt für ⊙ 12 Stunden gehen lassen. Am nächsten Tag den Vorteig mit allen Zutaten für den Hauptteig in einer Küchenmaschine ⊙ 8 Minuten verkneten. Den Teig abdecken und für ⊙ 1½ Stunden gehen lassen. Nach ⊙ 50 Minuten einmal ziehen und falten (s. S. 18). Diesen Vorgang nach weiteren ⊙ 40 Minuten wiederholen. Anschließend den Teig auf die leicht bemehlte Arbeitsfläche geben und rund wirken (s. S. 16). Abdecken und für ⊙ 30 Minuten gehen lassen.

Die Mitte der Teigkugel mit einem Kochlöffelstiel einstechen und den Teig vorsichtig zu einem gleichmäßigen Ring ziehen, bis das Loch ca. 10 cm Durchmesser hat. Auf ein leicht bemehltes Backpapier legen, abdecken und bei Zimmertemperatur nochmals für ⊙ 1 Stunde gehen lassen.

Den Backofen auf 240 °C vorheizen. Ein Gefäß mit Wasser in den Ofen stellen (s. S. 19). Kurz vor dem Backen den Ring mit einer Rasierklinge 5 Mal einritzen und sofort in den Backofen geben. Nach ⊙ 10 Minuten Backzeit das Wasser entfernen, dann den Brotring in weiteren ⊙ 25 Minuten fertig backen. Auf einem Gitter abkühlen lassen.

Für die Füllung den Brotring alle 1½ cm rundherum leicht einschneiden und die Bärlauchbutter vorsichtig hineinstreichen. Den Ring ⊙ 10 Minuten bei 200 °C backen.

Toastbrot aus der Dose

1 kg Weizenmehl (Type 405)
20 g Salz
40 g Frischhefe
100 ml lauwarme Milch
600 ml lauwarmes Wasser
30 g Butter

Außerdem:
Etwas Butter zum Einfetten
Etwas Mehl zum Bestäuben
6 leere Gemüsedosen mit
Deckel, unbeschichtet, ca.
8–10 cm Durchmesser und
11,5 cm hoch

Das Mehl in eine Schüssel geben und mit dem Salz mischen. Die Hefe in der Milch auflösen und mit dem Wasser zum Mehl geben. Die Butter in Stücke schneiden, zufügen und alles zusammen für mehrere Minuten zu einem geschmeidigen Teig verkneten. Die Schüssel abdecken und den Teig bei Zimmertemperatur für ☉ 40 Minuten gehen lassen. In dieser Zeit sollte sich sein Volumen verdoppeln.

Inzwischen die leeren Dosen mit Butter ausfetten und mit etwas Mehl bestäuben. Anschließend den Teig nochmals auf der bemehlten Arbeitsfläche durchkneten und in sechs Portionen teilen. Jeweils eine Portion in eine Dose füllen und mit dem Deckel verschließen (den Deckel mit Alufolie befestigen, oder den Deckel ganz aus Alufolie formen). Den Teig ein zweites Mal für ☉ 30 Minuten bei Zimmertemperatur gehen lassen.

Den Backofen auf 180 °C vorheizen. Die verschlossenen Dosen auf einem Gitter ☉ 1 Stunde im Ofen backen. In den letzten ☉ 10 Minuten die Deckel abnehmen, so bekommt das Toastbrot eine schöne Kruste. Herausnehmen und auf einem Gitter abkühlen lassen.

Ergibt 6 Toastbrote
Zubereitung: ☉ ca. 30 Minuten
Teigruhe:
☉ 1 Stunde, 10 Minuten
Backzeit: ☉ 1 Stunde

Speckgugelhupf

Mehl mit Salz in einer Schüssel mischen. Mit den Händen eine Mulde formen. Die Hefe hineinbröseln und mit 100 ml Milch und etwas Mehl vom Rand zu einem Vorteig verrühren. Mit Frischhaltefolie abdecken und bei Zimmertemperatur für ⊙ 20 Minuten gehen lassen.

In der Zwischenzeit die Butter bei geringer Hitze schmelzen. Den Speck in feine Würfel schneiden. Eine Pfanne erhitzen, Speck zugeben und kross braten. Thymian abbrausen, trocken tupfen und die Blättchen von den Stängeln zupfen. Die Walnusskerne grob hacken. Alles zum Vorteig geben und mit der restlichen Milch und dem Ei zu einem geschmeidigen Teig verkneten. Abdecken und für ⊙ 1 Stunde gehen lassen. Das Volumen sollte sich in dieser Zeit verdoppeln.

Die Gugelhupfform mit Butter auskleiden und mit Mehl bestäuben. Den Teig in die Form geben und leicht andrücken, sodass sich der Teig auch am Boden verteilt. Abdecken und nochmals für ⊙ 30 Minuten gehen lassen.

Den Backofen auf 180 °C vorheizen. Den Gugelhupf auf ein Gitter in den Ofen stellen und in ⊙ 45–50 Minuten fertig backen. Herausnehmen und abkühlen lassen.

Tipp: Den Gugelhupf in Scheiben schneiden und mit einem Glas Weißwein genießen.

500 g Weizenmehl (Type 405)
1 TL Salz
25 g Frischhefe
300 ml lauwarme Milch
150 g Butter
250 g Speck
1 Bund Thymian
50 g Walnusskerne
1 Ei

Außerdem:
1 TL Butter
2 EL Mehl

Ergibt 1 Gugelhupf
Zubereitung: ⊙ ca. 50 Minuten
Teigruhe:
⊙ 1 Stunde, 50 Minuten
Backzeit: ⊙ 50 Minuten

Hefeschnecken mit Olivencreme

In einer Schüssel beide Mehle mit Salz und Zucker mischen. Die Hefe in Wasser auflösen und mit den Eiern, dem Sauerteig und Olivenöl in die Schüssel geben. Alles für mehrere Minuten zu einem geschmeidigen Teig verkneten und diesen mit Frischhaltefolie abgedeckt für ⊙ 1 Stunde bei Zimmertemperatur gehen lassen. Sein Volumen sollte sich in dieser Zeit verdoppeln.

Den Hefeteig auf der bemehlten Arbeitsfläche mithilfe einer Teigrolle zu einem 1–1½ cm dicken Rechteck ausrollen und mit der Olivenpaste bestreichen, dabei die Ränder aussparen. Den Teig aufrollen und in acht gleich große Stücke teilen. Eine ofenfeste Form buttern und mit Mehl bestäuben. Die Schnecken hineinsetzen, mit gehacktem Rosmarin bestreuen und nochmals für ⊙ 30 Minuten abgedeckt gehen lassen.

Inzwischen den Backofen auf 180 °C vorheizen. Die Hefeschnecken in den Ofen geben und in ⊙ 40 Minuten goldbraun backen. Mit Fleur de Sel bestreuen.

500 g Dinkelmehl (Type 1050)
250 g Dinkelvollkornmehl
1 TL Salz
1 EL Zucker
30 g Frischhefe
250 ml lauwarmes Wasser
2 Eier
75 g reifer Sauerteig
50 ml Olivenöl

Außerdem:
260 g Olivencreme (Rezept auf S. 68)
1 EL Butter
2 EL Mehl
2 Stängel Rosmarin
1 TL Fleur de Sel

Ergibt 8 Hefeschnecken
Zubereitung: ca. ⊙ 30 Minuten
Teigruhe: ⊙ 1½ Stunden
Backzeit: ⊙ 40 Minuten

Focaccia

Das Mehl mit dem Salz in einer Schüssel mischen und mit den Händen eine Mulde formen. Die Hefe hineinbröseln und mit dem Wasser und etwas Mehl vom Rand verrühren. Mit Frischhaltefolie abdecken und für ⊙ 15 Minuten gehen lassen. Anschließend in der Küchenmaschine für ⊙ 5 Minuten zu einem geschmeidigen Teig kneten.

Ein Backblech mit 2 Esslöffeln Olivenöl bestreichen. Den Teig daraufgeben, mit den Händen leicht auseinanderdrücken und mit etwas Olivenöl vom Blechrand bepinseln. Mit Frischhaltefolie gut abdecken, für ⊙ 1 Stunde an einem warmen Ort gehen lassen.

Den Backofen auf 200 °C vorheizen. In der Zwischenzeit den Belag vorbereiten. Dazu die Artischocken putzen, vom Heu befreien und in dünne Scheiben schneiden. In einer Pfanne mit 2 Esslöffeln Olivenöl für ⊙ 3 Minuten anbraten. Herausnehmen und beiseitestellen. Die Zucchini abbrausen, trocken tupfen, in Scheiben schneiden und mit 2 Esslöffeln Olivenöl von beiden Seiten kurz anbraten, ebenfalls beiseitestellen. Die Rosmarinblättchen abbrausen, trocken tupfen, von den Stängeln zupfen und klein hacken. Alles zusammen mit den Oliven auf dem Teig verteilen. Mit dem restlichen Olivenöl beträufeln und mit Fleur de Sel bestreuen. Im Backofen ⊙ 25 Minuten backen. Herausnehmen und abkühlen lassen.

500 g Weizenmehl (Type 405)
1½ TL Salz
21 g Hefe
350 ml lauwarmes Wasser

Außerdem:
8 EL Olivenöl
2 Artischocken
1 Zucchini
2 Stängel Rosmarin
80 g entsteinte schwarze Oliven
1 TL Fleur de Sel

Ergibt 1 Blech
Zubereitung: ⊙ ca. 1 Stunde
Teigruhe: ⊙ 1¼ Stunden
Backzeit: ⊙ 25 Minuten

Zwiebelstangen

Zwiebelstangen

Foto auf Seite 122

300 g Zwiebeln
30 g Butter
Salz, Zucker

700 g Weizenmehl (Type 405)
100 g Roggenmehl (Type 997)
20 g Salz
42 g Frischhefe
300 ml lauwarmes Wasser
100 g weiche Butter
3 EL Olivenöl

Ergibt 3 Stangen
Zubereitung: ⊙ ca. 50 Minuten
Teigruhe:
⊙ 1 Stunde, 10 Minuten
Backzeit: ⊙ 40 Minuten

Die Zwiebeln schälen und in Würfel schneiden. Butter in einer Pfanne erhitzen und die Zwiebelwürfel zugeben. Kräftig mit Salz und Zucker würzen und für ⊙ 10 Minuten anschwitzen, bis sie eine leicht bräunliche Farbe angenommen haben. Herausnehmen und abkühlen lassen.

Weizen-, Roggenmehl und Salz in einer Schüssel mischen. Die Hefe im Wasser auflösen und mit Butter, Olivenöl und den Zwiebeln zum Mehl geben. Alles für ⊙ 5 Minuten zu einem geschmeidigen Teig kneten. Diesen mit Frischhaltefolie abdecken und bei Zimmertemperatur für ⊙ 40 Minuten gehen lassen. Sein Volumen sollte sich in dieser Zeit deutlich vergrößern.

Den Teig auf die bemehlte Arbeitsfläche geben. In sechs Portionen von je 250 g teilen. Rund wirken (s. S. 16), für ⊙ 5 Minuten entspannen lassen und anschließend zu länglichen Stangen rollen. Je zwei Stangen zusammennehmen und um die eigene Achse drehen. Die Enden leicht zusammendrücken und auf ein Backblech mit Backpapier geben. Für weitere ⊙ 25 Minuten abgedeckt gehen lassen.

Den Backofen auf 180 °C vorheizen. Ein Gefäß mit Wasser in den Ofen stellen (s. S. 19). Die Zwiebelstangen in ⊙ 35–40 Minuten goldbraun backen. Nach ⊙ 10 Minuten das Wasser entfernen. Die Zwiebelstangen herausnehmen und auskühlen lassen.

Steaksandwich

Die Zwiebelstangen in der Mitte durchschneiden und danach quer halbieren. Die Steaks mit Salz und Pfeffer würzen. Das Öl in einer Pfanne erhitzen, Knoblauch zugeben und die Steaks von jeder Seite ⊙ 1 Minute braten. Den Herd ausschalten und die Butter zugeben. Die Steaks noch einmal wenden und dann aus der Pfanne nehmen.

Die Zwiebelstangen mit Senf bestreichen. Die Tomaten putzen, in Scheiben schneiden und darauf verteilen. Rucola abbrausen und trocken schleudern. Die Steaks auflegen und mit Rucola und Parmesan belegen.

Foto auf Seite 123

2 Zwiebelstangen
(Rezept auf S. 124)
4 dünne Steaks à 120 g, z.B. aus der Hüfte
Salz, Pfeffer
3 EL Sonnenblumenöl
1 Knoblauchzehe, geschält und angedrückt
1 TL Butter
3 EL grobkörniger Senf
3 Tomaten
100 g Rucola
50 g Parmesan, gehobelt

Ergibt 4 Sandwiches
Zubereitung: ⊙ ca. 30 Minuten
Einfach

Pitabrot

500 g Weizenmehl (Type 550)
100 g Weizenmehl (Type 1050)
21 g Frischhefe
275 ml lauwarmes Wasser
1½ TL Salz
1 EL Zucker
3 EL Olivenöl

Beide Mehle in einer Schüssel mischen. Mit den Händen eine Mulde formen, Hefe im Wasser auflösen und in die Vertiefung geben. Mit etwas Mehl vom Rand zu einem Vorteig verrühren. Diesen mit Frischhaltefolie abdecken und an einem warmen Ort für ☉ 15 Minuten gehen lassen. Anschließend Salz, Zucker und Olivenöl zugeben und alles für mehrere Minuten zu einem geschmeidigen Teig verkneten. Diesen abermals abdecken und für ☉ 1 Stunde gehen lassen. Das Volumen sollte sich in dieser Zeit verdoppeln.

Den Backofen auf 180 °C vorheizen. Ein Gefäß mit Wasser in den Ofen stellen (s. S. 19). Das Backblech im Ofen belassen.

Den Teig nochmals durchkneten und in sieben Stücke teilen. Jedes Stück mit den Händen rund wirken (s. S. 16) und für ☉ 5 Minuten mit Frischhaltefolie abgedeckt ruhen lassen. Dann mit der Handfläche flach drücken, mit Mehl bestäuben und zu Fladen von ca. 15 cm Durchmesser ausrollen. Nochmals abdecken und ☉ 15 Minuten erneut gehen lassen. Anschließend die Teigfladen in den Ofen auf das heiße Blech geben und für ☉ 20–25 Minuten backen. Herausnehmen und auf einem Gitter abkühlen lassen.

Ergibt 7 Pitas
Zubereitung: ☉ ca. 45 Minuten
Teigruhe: ☉ 1⅓ Stunden
Backzeit: ☉ 25 Minuten

Tipp: Das Pitabrot zur Hälfte aufschneiden. Mit Salat, Tomate, gegrillter Hähnchenbrust und Currymayonnaise füllen.

Partybrötchen

600 g Weizenmehl (Type 550)
300 g Roggenmehl (Type 1150)
1 gehäufter TL Salz
20 g Frischhefe
500 ml Wasser
100 g reifer Sauerteig

Zum Bestreuen:
Etwas Wasser
Je 2 EL Mohn, Sesam, Kürbis-
kerne, Sonnenblumenkerne,
schwarzer Sesam, Kümmel,
Haferflocken

Ergibt 43 Brötchen
Zubereitung:
⊙ ca. 1⅓ Stunden
Teigruhe: ⊙ 2¾ Stunden
Backzeit: ⊙ 25 Minuten

Beide Mehle mit Salz in einer Schüssel mischen. Die Hefe zerkrümeln und mit Wasser und Sauerteig zum Mehl geben. Alles für mehrere Minuten zu einem geschmeidigen Teig kneten. Diesen in eine bemehlte Schüssel geben und mit Frischhaltefolie abgedeckt bei Zimmertemperatur für ⊙ 2½ Stunden gehen lassen.

Den Teig auf der Arbeitsfläche in drei Stücke teilen und zu länglichen Rollen formen. Diese in 35 g schwere Teiglinge schneiden und rund wirken (s. S. 16). Während der Weiterverarbeitung den Teig immer wieder mit Frischhaltefolie abdecken, so trocknet er nicht aus.

Ein großes, flaches Backblech mit Backpapier belegen. Die Teiglinge abwechselnd mit Wasser bestreichen und in den verschiedenen Körnern und Samen wälzen. Von der Mitte des Blechs aus beginnend, die Brötchen mit leichtem Abstand kreisförmig nebeneinandersetzen, sodass ein großer Brötchenkreis entsteht. Mit Frischhaltefolie abgedeckt für ⊙ 15 Minuten erneut gehen lassen.

Währenddessen den Backofen auf 200 °C vorheizen. Das Backblech in den Ofen schieben und die Brötchen ⊙ 20–25 Minuten backen. Herausnehmen und auf einem Gitter abkühlen lassen.

Bierstangen

Mehl und Salz in einer Schüssel mischen. Mit den Händen eine Mulde formen. Die Hefe in der Milch auflösen und in die Vertiefung geben. Mit etwas Mehl vom Rand zu einem Vorteig verrühren und mit Frischhaltefolie abgedeckt für ⊙ 15 Minuten gehen lassen. Anschließend die Butter in Stücken zugeben und alles zu einem geschmeidigen Teig kneten. Abgedeckt für ⊙ 30 Minuten gehen lassen. Das Volumen sollte sich in dieser Zeit verdoppeln.

Den Teig nochmals kurz durchkneten und in 30-g-Portionen teilen. Diese zunächst zu Kugeln formen, dann mit den Händen zu länglichen Stangen rollen. Die Bierstangen auf ein Backblech mit Backpapier legen und nochmals für ⊙ 10 Minuten abgedeckt gehen lassen.

Den Backofen auf 190 °C vorheizen. Das Eigelb mit der Milch verrühren und die Stangen damit bestreichen. Mit den Gewürzen bestreuen und im Ofen in ⊙ 20 Minuten goldbraun backen.

320 g Weizenmehl (Type 405)
½ TL Salz
21 g Frischhefe
125 ml lauwarme Milch
120 g weiche Butter

Außerdem:
1 Eigelb
2 EL Milch
Kümmel, Sesam
oder Fenchelsaat

Ergibt 19 Stangen
Zubereitung: ⊙ ca. 40 Minuten
Teigruhe: ⊙ 55 Minuten
Backzeit: ⊙ 20 Minuten

Grissini aus Sauerteig

Grissini aus Sauerteig

Foto auf Seite 132

410 g Dinkelmehl (Type 630)
200 ml Wasser
200 g reifer Weizensauerteig
12 g Salz
30 g Olivenöl

Außerdem:
1 EL Olivenöl zum Bestreichen

Alle Zutaten in der Küchenmaschine kurz kneten, bis sich der Teig von der Schüssel löst. In eine mit Öl bepinselte Schüssel geben und mit Frischhaltefolie abgedeckt für ☉ 2 Stunden gehen lassen. Nach ☉ 40 Minuten den Teig einmal ziehen und falten (s. S. 18), anschließend wieder abdecken. Diesen Vorgang nach weiteren ☉ 40 Minuten wiederholen.

Den Teig auf die bemehlte Arbeitsfläche geben und in drei Stücke teilen. Während ein Stück weiterverarbeitet wird, die anderen abdecken, damit der Teig nicht austrocknet. Das erste Teigstück zu einem ca. 35 x 10 cm großen Rechteck klopfen. Den Teig mit Olivenöl einpinseln, mit einem Pizzaroller in 16 Streifen schneiden und auf ein Backblech mit Backpapier geben. Jeden Streifen vorsichtig an beiden Enden anfassen und auf die Länge des Backpapiers ziehen. Nochmals für ☉ 15 Minuten abgedeckt gehen lassen. Diesen Vorgang mit den anderen zwei Teigstücken wiederholen.

Den Backofen auf 180 °C vorheizen. Die Grissini in den Ofen schieben und in ☉ 15 Minuten goldbraun backen. Auf einem Gitter abkühlen lassen.

Ergibt 48 Grissini
Zubereitung:
☉ ca. 1⅓ Stunden
Teigruhe: ☉ 2¼ Stunden
Backzeit: ☉ 15 Minuten

Papadams mit Rosmarin

Papadams mit Rosmarin

Weizenmehl und Salz in einer Schüssel mischen. Die Hefe hineinbröseln und mit Sauerteig, Wasser und Olivenöl für mehrere Minuten zu einem geschmeidigen Teig kneten. Mit Frischhaltefolie abdecken und an einem warmen Ort für ⊙ 1 Stunde gehen lassen.

In der Zwischenzeit den Rosmarin abbrausen, trocken tupfen, von den Stängeln zupfen, fein hacken und mit Olivenöl vermischen. Den Teig auf der Arbeitsfläche nochmals durchkneten und zu einer Rolle von ca. 5 cm Durchmesser formen. Mit einem Messer in 20 gleich große Stücke schneiden und diese nacheinander auf viel Mehl hauchdünn länglich ausrollen. Dünn mit dem Rosmarinöl bestreichen und mit etwas Fleur de Sel bestreuen.

Den Backofen auf 200 °C vorheizen. Das Backblech im Ofen belassen. Jeweils 3 Teigzungen auf das heiße Backblech geben und in ⊙ 10 Minuten goldbraun backen. So fortfahren, bis alle Teiglinge aufgebraucht sind. Die Papadams auf einem Gitter abkühlen lassen.

Foto auf Seite 133

250 g Weizenmehl (Type 550)
1 TL Salz
15 g Frischhefe
70 g reifer Sauerteig
200 ml lauwarmes Wasser
5 EL Olivenöl

Außerdem:
1 Bund Rosmarin
3 EL Olivenöl
1 El Fleur de Sel

Ergibt 20 Papadams
Zubereitung:
⊙ ca. 1½ Stunden
Teigruhe: ⊙ 1 Stunde
Backzeit: ⊙ 10 Minuten

Knäckebrot

Weizenvollkornmehl in eine Schüssel geben. Haferflocken, Saatenmischung und Leinsamen in einem Mixer fein pürieren und zusammen mit Salz, Weinsteinbackpulver, Öl, Honig und dem Wasser zum Mehl geben. Alles gründlich mit einem Kochlöffel verrühren und mit Frischhaltefolie abdecken. Für ⊙ 30 Minuten ruhen lassen.

Den Backofen auf 160 °C vorheizen. Auf der bemehlten Arbeitsfläche den Teig in drei Stücke teilen. Ein Teigstück zu einem ca. 2–3 mm dünnen Rechteck ausrollen, die anderen Teigstücke währenddessen abdecken. Ein Backblech mit Backpapier belegen und den ausgerollten Teig auflegen. Nochmals für ⊙ 10 Minuten abgedeckt gehen lassen.

Anschließend im Ofen ⊙ 15 Minuten backen, dann herausnehmen und in Platten schneiden oder verschiedene Formen ausstechen. Nun nochmals auf das Blech geben und in ⊙ 30 Minuten fertig backen. Genauso mit den anderen Teigstücken verfahren. Die Knäckebrote auf einem Gitter abkühlen lassen.

Tipp: Wer möchte, kann den ausgerollten Teig mit etwas Wasser bepinseln und nach Belieben mit verschiedenen Toppings bestreuen: z.B. Sesam, Mohn, Kürbiskerne, Fenchelsaat oder Schwarzkümmel.

160 g Weizenvollkornmehl
100 g Haferflocken
50 g Saatenmischung, z.B. Kürbis- oder Sonnenblumenkerne
50 g Leinsamen
1½ TL Salz
2½ TL Weinsteinbackpulver
3 EL neutrales Öl
1 EL Honig
400 ml Wasser

Ergibt ca. 40 Knäckebrote
Zubereitung: ⊙ ca. 1 Stunde
Teigruhe: ⊙ 40 Minuten
Backzeit: ⊙ 45 Minuten

Burgerbrötchen

Die Butter in einem kleinen Topf schmelzen. In einer großen Schüssel Magermilchpulver, Zucker, Trockenhefe und Wasser verrühren. Butter, 1 Ei und 1 Eigelb zusammen mit Mehl und Salz in die Schüssel geben. Mit den Händen für mehrere Minuten zu einem geschmeidigen Teig kneten.

Die Schüssel mit Frischhaltefolie abgedeckt an einem warmen Ort für ⊙ 1 Stunde gehen lassen. Anschließend den Teig nochmals kurz durchkneten und auf der bemehlten Arbeitsfläche 1½ cm dick ausrollen. Für ⊙ 10 Minuten erneut abgedeckt ruhen lassen.

Den Backofen auf 190 °C vorheizen. Aus dem Teig Kreise mit 12,5 cm Durchmesser ausstechen, diese auf ein Backblech mit Backpapier geben. Eigelb mit Wasser verrühren und die Teiglinge damit bepinseln. Mit Sesam bestreuen und im Ofen ⊙ 20 Minuten backen. Auf einem Gitter abkühlen lassen.

60 g Butter
60 g Magermilchpulver
2 EL Zucker
14 g Trockenhefe
350 ml lauwarmes Wasser
1 Ei
1 Eigelb
700 g Weizenmehl (Type 550)
1½ TL Salz

Außerdem:
1 Eigelb
2 EL Wasser
2 El Sesam

Ergibt 20 Brötchen
Zubereitung: ⊙ ca. 40 Minuten
Teigruhe:
⊙ 1 Stunde, 10 Minuten
Backzeit: ⊙ 20 Minuten

Garnelenburger

500 g Garnelen mit Schale
150 g Sahne
Salz, Pfeffer, Cayennepfeffer
2 EL Limettensaft
1 Stück Ingwer (4 cm)
1 Bund Schnittlauch
3 EL Olivenöl

Außerdem:
5 Burgerbrötchen
(Rezept auf S. 139)
8 Salatblätter
2 Tomaten, in Scheiben
geschnitten
1 Frühlingszwiebel, fein
geschnitten
2 EL Mayonnaise

Von den Garnelen die Schale entfernen, die Därme ziehen und das Garnelenfleisch unter kaltem Wasser abspülen. In einem Mixer mit Sahne, Salz, Pfeffer, Cayennepfeffer und Limettensaft sehr fein pürieren.

Den Ingwer schälen und sehr fein hacken. Den Schnittlauch abbrausen, trocken tupfen und in Röllchen schneiden. Beides unter die Garnelenmasse heben. Mit leicht nassen Händen 5 Garnelenpatties formen. In einer Pfanne das Olivenöl erhitzen und die Patties von jeder Seite ⊙ 3 Minuten braten.

Die Garnelenpatties in den Burgerbrötchen mit Salat, Tomaten, Frühlingszwiebeln und etwas Mayonnaise servieren.

Ergibt 5 Burger
Zubereitung: ⊙ ca. 50 Minuten

Bagels

750 g Weizenmehl (Type 550)
1 EL Zucker
2 TL Salz
42 g Frischhefe
440 ml lauwarme Milch

Außerdem:
1 TL Natron
1 EL Olivensalz
1 EL Chiliflocken
2 EL Pistazien, gehackt
2 EL Saatenmischung
2 EL Schwarzkümmel

Ergibt 12 Bagels
Zubereitung:
⊙ ca. 1⅓ Stunden
Teigruhe:
⊙ 1 Stunde, 10 Minuten
Backzeit: ⊙ 25 Minuten
Anspruchsvoll

Weizenmehl mit Zucker und Salz in einer Schüssel mischen. Die Hefe zerkrümeln und in der Milch unter Rühren auflösen. Milch-Hefe-Gemisch zum Mehl geben und alles zusammen für mehrere Minuten zu einem geschmeidigen Teig kneten. Mit Frischhaltefolie abgedeckt an einem warmen Ort für ⊙ 45 Minuten gehen lassen.

Anschließend den Teig auf die Arbeitsfläche geben und in zwölf Stücke teilen. Diese rund wirken (s. S. 16) und nochmals abgedeckt auf einem Backblech mit Backpapier für ⊙ 10 Minuten gehen lassen. Mit einem dicken Kochlöffelstiel ein Loch in die Mitte jedes Bagels drücken und das Loch mit den Fingern stark vergrößern. Wieder abdecken und für ⊙ 15 Minuten gehen lassen.

Den Backofen auf 190 °C vorheizen. Einen Topf zu ¾ mit Wasser füllen, aufkochen und Natron zugeben. Jeden Bagel ⊙ 30 Sekunden von jeder Seite in das heiße Wasser geben. Hierfür eine Schaumkelle benutzen. Bagels gut abtropfen lassen und auf ein Blech mit Backpapier legen. Noch feucht nach Belieben mit den Toppings bestreuen und in ⊙ 25 Minuten im Ofen goldbraun backen. Auf einem Gitter abkühlen lassen.

Sandwich-Beläge

Sandwiches sind der perfekte Snack für zwischendurch – ob in der Frühstücks- oder Mittagspause. Auch bei einem Ausflug ins Grüne sind sie einfach köstlich und praktisch. Als Sandwich-Brote eignen sich ein San Francisco Sourdough Bread (Rezept auf S. 33), ein französisches Landbrot (Rezept auf S. 29) oder auch ein einfaches Baguette (Rezept auf S. 61). Jeder kann sich sein Sandwich nach Belieben belegen und würzen. Hier sind einige Anregungen:

Sandwich mit Räucherlachs (oben links):
Frischkäse · Geräucherter Lachs · Salatgurke · Babyspinat

Schinken-Ei-Sandwich (oben rechts):
Butter · Gekochter Schinken · Gekochtes Ei · Frischer Salat

Sandwich mit Mango und Paprika (unten links):
Frischkäse · Frische Mango · Geschmorte Paprika aus dem Ofen · Rucola

Putenbrust-Sandwich (unten rechts):
Butter · Putenbrust · Römersalat · Tomate · Krosser Speck · Barbecue-Sauce

Brotsuppe

Foto auf Seite 146

250 g altes Bauernbrot
4 EL Butter
4 Stängel Thymian
2 Knoblauchzehen, geschält
und angedrückt
3 Zwiebeln
Salz, Zucker, Pfeffer
1½ l Rinderbrühe
1 Bund Schnittlauch

Das Brot in Stücke schneiden und in einer Pfanne mit 2 Esslöffeln Butter, Thymian und Knoblauch goldbraun rösten. Die Zwiebeln schälen, halbieren und in Streifen schneiden. Mit der restlichen Butter, etwas Salz, Zucker und Pfeffer in einer Pfanne bei mittlerer Temperatur leicht braun braten.

Die Rinderbrühe aufkochen und geröstetes Brot und Zwiebeln zugeben. Den Schnittlauch in Röllchen schneiden und die Suppe damit garnieren.

Ergibt 6 Portionen
Zubereitung: ☉ ca. 45 Minuten
Einfach

Brotschale

Alle Zutaten in der Küchenmaschine ⊙ 5 Minuten zu einem Teig verkneten. In einer Schüssel mit Frischhaltefolie abgedeckt für ⊙ 2 Stunden gehen lassen. Nach ⊙ 1 Stunde den Teig einmal ziehen und falten (s. S. 18).

Anschließend auf die leicht bemehlte Arbeitsfläche geben und in 400 g schwere Stücke teilen. Rund wirken (s. S. 16) und mit genügend Abstand auf ein Backblech mit Backpapier setzen. Abgedeckt nochmals für ⊙ 45 Minuten gehen lassen. Mit einer Rasierklinge oder einem scharfen Messer zweimal kreuzweise einschneiden.

Den Backofen auf 240 °C vorheizen. Ein Gefäß mit Wasser in den Ofen stellen. Die Brotschalen ⊙ 15 Minuten backen, das Wasser aus dem Ofen entfernen und die Temperatur auf 220 °C reduzieren. In weiteren ⊙ 30 Minuten fertig backen. Auf einem Gitter vollständig auskühlen lassen.

Tipp: Je nach Jahreszeit lassen sich die Brotschalen füllen – z.B. mit einer leckeren Lauchsuppe.

Foto auf Seite 147

550 g Roggenmehl (Type 997)
400 g Weizenmehl (Type 550)
500 ml Wasser
8 g Frischhefe
20 g Salz
220 g reifer Sauerteig

Ergibt 4 Brotschalen
Zubereitung: ⊙ ca. 40 Minuten
Teigruhe: ⊙ 2¾ Stunden
Backzeit: ⊙ 45 Minuten

Verschiedene Croûtons

Knoblauch-Croûtons

Das Baguette in dünne Scheiben schneiden. Olivenöl in einer Pfanne erhitzen und Knoblauch und Baguette-scheiben zugeben. Croûtons in der Pfanne schwenken und goldbraun rösten. Mit Salz und Pfeffer würzen.

½ Baguette (Rezept auf S. 61)
oder Flûtes (Rezept auf S. 156)
4 EL Olivenöl
2 Knoblauchzehen, geschält und halbiert
Salz, Pfeffer

Rosmarin-Croûtons

Das Landbrot in Würfel schneiden, Rosmarinblättchen abzupfen und grob hacken. Olivenöl in einer Pfanne erhitzen, Brot zugeben und rösten. Zuletzt Rosmarin zufügen und kurz mitbraten. Mit Salz und Pfeffer würzen.

3 Scheiben Französisches Landbrot (Rezept auf S. 29)
2 Stängel Rosmarin
4 El Olivenöl
Salz, Pfeffer

Kleine Kürbis-Speck-Croûtons

Den Speck in sehr kleine Würfel schneiden. Olivenöl in einer Pfanne erhitzen und die Speckwürfel auslassen. In der Zwischenzeit das Kürbisbrot klein würfeln und zugeben. Einige Minuten mitrösten, bis die Croûtons kross sind. Thymianblättchen abzupfen und alles vermengen.

60 g durchwachsener Speck
2 EL Olivenöl
3 Scheiben Kürbisbrot, dünn aufgeschnitten (Rezept auf S. 40)
3 Stängel Thymian

Brezel-Croûtons mit Butter

Brezeln in Scheiben schneiden. Butter in einer Pfanne erhitzen, die Brezeln zugeben und einige Minuten knusprig rösten. Mit Salz würzen.

2 Brezeln
(Rezept auf S. 163)
50 g Butter
Etwas grobes Salz

Tomaten-Brot-Pie

Den Backofen auf 180 °C vorheizen. Das Graubrot in 2–3 mm dünne Scheiben schneiden. Fächerartig in eine Tarteform schichten und mit dem Olivenöl beträufeln. Das Brot fest mit den Händen andrücken. Den Knoblauch schälen, in feine Scheiben schneiden und auf das Brot geben. Oliven grob hacken und ebenso auf dem Brot verteilen.

Die Tomaten waschen, vom Stielansatz befreien, in Scheiben schneiden und gefächert obenauf legen. Mit Fleur de Sel und Pfeffer kräftig würzen und für ☉ 35 Minuten in den Ofen geben.

Herausnehmen, abkühlen lassen und vorsichtig aus der Form stürzen. Die Tomaten mit etwas Olivenöl beträufeln und servieren. Dazu passt ein frischer Rucola-Salat.

Tipp: Diese Pie ist sehr wandelbar und kann auch anstelle von Graubrot mit Baguette gemacht werden. Wer es noch herzhafter mag, kann einige gehackte Sardellen zu den Oliven geben oder die Tomaten mit etwas Parmesan bestreuen.

1 kleines Brot à 400 g, z.B. Schwarzwälder Brot (Rezept auf S. 27)
5 EL Olivenöl
1 Knoblauchzehe
100 g entsteinte schwarze Oliven
6 Tomaten
Fleur de Sel, grober Pfeffer

Außerdem:
1 Tarteform von 20 cm Durchmesser

Ergibt 1 Tarte
Zubereitung: ☉ ca. 1 Stunde
Backzeit: ☉ 35 Minuten

Flammkuchen

Das Mehl mit Öl, Wasser und Salz in einer Schüssel zu einem elastischen Teig kneten. Mit Frischhaltefolie abdecken und für ⊙ 30 Minuten bei Zimmertemperatur ruhen lassen.

In der Zwischenzeit die Zwiebeln schälen und in dünne Scheiben schneiden. Den Speck von der Schwarte befreien und klein schneiden. Crème fraîche in eine kleine Schüssel geben und mit Salz und Pfeffer würzen.

Den Backofen auf 210 °C vorheizen. Den Teig auf der bemehlten Arbeitsfläche dünn zu einem Rechteck ausrollen. Auf ein Backblech mit Backpapier geben, mit Frischhaltefolie bedecken und für ⊙ 15 Minuten nochmals gehen lassen. Danach den Teig mit der Crème fraîche bestreichen, mit Zwiebeln und Speck belegen und in den Ofen schieben. In ⊙ 20 Minuten goldbraun backen.

Petersilie abbrausen, trocken tupfen, die Blättchen abzupfen und fein hacken. Den fertigen Flammkuchen mit Petersilie bestreuen und in Stücke schneiden.

200 g Mehl
2 EL Sonnenblumenöl
125 ml Wasser
½ TL Salz

Belag:
5 rote Zwiebeln
100 g durchwachsener Speck
200 g Crème fraîche
Salz, Pfeffer
1 kleines Bund Petersilie

Ergibt 1 Blech
Zubereitung: ⊙ ca. 35 Minuten
Teigruhe: ⊙ 45 Minuten
Backzeit: ⊙ 20 Minuten
Einfach

Flûtes

450 g Weizenmehl (Type 550)
360 ml Wasser
¼ TL Trockenhefe
1½ TL Salz

Alle Zutaten in einer Schüssel kurz verrühren. Den Teig mit Frischhaltefolie abdecken und für ☉ 14 Stunden, am besten über Nacht, gehen lassen.

Am nächsten Tag den Teig mithilfe einer Teigkarte auf die stark bemehlte Arbeitsfläche geben. Die Hände ebenfalls mit Mehl bestäuben. Nun den Teig leicht flach drücken und jede Seite zur Mitte hin überlappend falten. Nochmals flach drücken. Mit Mehl bestäuben und mithilfe der Teigkarte in acht gleich große Stücke teilen.

Diese auf ein bemehltes Backblech mit Backpapier geben und etwas in die Länge drücken. Die Teiglinge gut abgedeckt nochmals ☉ 2 Stunden gehen lassen.

Den Backofen auf 220 °C vorheizen. Ein Gefäß mit Wasser in den Ofen stellen (s. S. 19). Die Teiglinge nochmals behutsam mit bemehlten Händen in die Länge ziehen und ☉ 10 Minuten backen. Das Wasser entfernen und die Flûtes in weiteren ☉ 10 Minuten fertig backen. Auf einem Gitter abkühlen lassen.

Ergibt 8 Flûtes
Zubereitung: ☉ ca. 1 Stunde
Teigruhe: ☉ 16 Stunden
Backzeit: ☉ 20 Minuten

Fondue-Baguettes

Zutaten wie auf S. 61

Für die Füllung:
200 g Vacherin
200 g Gruyère
200 g Appenzeller
1 Knoblauchzehe, halbiert
300 ml trockener Weißwein
3 TL Speisestärke
3 EL Wasser
Pfeffer, Muskatnuss

Für die Füllung die Baguettes halbieren und mit einem Kochlöffelstiel ein tiefes Loch eindrücken. Die verschiedenen Käsesorten fein raspeln.

Einen Topf mit Knoblauch ausreiben und darin den Weißwein aufkochen. Stärke mit Wasser mischen und in den kochenden Weißwein einrühren. Sobald der Weißwein abgebunden ist, den Käse zugeben und bei wenig Hitze so lange erwärmen, bis eine homogene Masse entstanden ist.

Mit etwas Muskat und Pfeffer würzen und sofort in die Baguettes füllen.

Ergibt 12 Fondue-Baguettes
Zubereitung:
⊙ ca. 1½ Stunden
Teigruhe:
⊙ 3 Stunden, 50 Minuten
Backzeit: ⊙ 25 Minuten

Kräuter-Olivenöl-Brot

Den Backofen auf 180 °C vorheizen. Das Brot im Abstand von 1½–2 cm mit einem Brotmesser nicht ganz bis zum Boden einschneiden.

Olivenöl in eine kleine Schüssel geben. Rosmarin und Thymian abbrausen und trocken tupfen. Die Blättchen abzupfen, grob hacken und mit dem Öl verrühren. Kräuteröl großzügig zwischen den Scheiben verteilen. Den Grana Padano mit einem Sparschäler hobeln, den Knoblauch schälen und in Scheiben schneiden. Beides ebenso zwischen den Brotscheiben verteilen.

Das gefüllte Brot ☉ 20 Minuten im Ofen backen. Herausnehmen, mit etwas Fleur de Sel und Pfeffer würzen und noch warm servieren.

1 Brot, z.B. San Francisco Sourdough Bread (Rezept auf S. 33)
120 ml Olivenöl
2 Stängel Rosmarin
1 kleines Bund Thymian
60 g Grana Padano
2 Knoblauchzehen
Fleur de Sel, Pfeffer

Ergibt 1 Brot
Zubereitung: ☉ ca. 30 Minuten
Backzeit: ☉ 20 Minuten
Einfach

Laugenbrezeln

Mehl mit Salz in einer Schüssel mischen. Hefe mit Zucker in 100 ml Wasser auflösen und zum Mehl geben. Nach und nach das restliche Wasser zugeben und alles für mehrere Minuten zu einem elastischen Teig kneten. Mit Mehl bestäuben und mit Frischhaltefolie abdecken. Für ☉ 1 Stunde gehen lassen.

Anschließend den Teig erneut gut durchkneten, auf der bemehlten Arbeitsfläche zu einer 30 cm langen Rolle formen. In zwölf Stücke teilen und jeweils erneut zu einer 30 cm langen Rolle formen. Dabei die Mitte etwas dicker belassen als die Enden. Die Stränge zu Brezeln schlingen und abgedeckt für mindestens ☉ 15 Minuten gehen lassen.

Den Backofen auf 230 °C vorheizen. Das Natron mit Wasser im Verhältnis 1:10 mischen und aufkochen. Jeweils 2–3 Brezeln darin für ☉ 30 Sekunden ziehen lassen. Herausheben und abtropfen lassen. Auf ein Backblech mit Backpapier legen und mit Salz bestreuen. Die Brezeln in ☉ 20–25 Minuten im Ofen goldbraun backen.

Tipp: Für Laugenbrötchen kann man die Teiglinge auch rund wirken (s. S. 16). Anschließend wie oben beschrieben weiterverfahren. Kurz vor dem Backen mit einer Rasierklinge über Kreuz einschneiden.

500 g Weizenmehl (Type 550)
1 EL Salz
42 g Frischhefe
1 TL Zucker
320 ml lauwarmes Wasser

Außerdem:
1 l Wasser
100 g Natron
2–3 EL grobes Salz

Ergibt 12 Brezeln
Zubereitung:
☉ ca. 1⅓ Stunden
Teigruhe: ☉ 1¼ Stunden
Backzeit: ☉ 25 Minuten
Anspruchsvoll

Seelen mit Kümmel und Salz

10 g Frischhefe
½ Tasse lauwarme Milch
375 g Weizenmehl (Type 550)
200 g weiche Butter
½ TL Salz

Außerdem:
1 Eigelb
Jeweils 1 EL Salz
und Kümmel

In einer Schüssel die Hefe in Milch auflösen und ca. 2 Esslöffel Mehl zugeben. Zu einem Vorteig verrühren und mit Frischhaltefolie für ⊙ 20 Minuten abgedeckt gehen lassen, bis er Blasen wirft.

Die Butter mit dem Salz in einer Küchenmaschine schaumig rühren. Das restliche Mehl und den Vorteig zur Buttermasse geben und alles gut verkneten. Den Teig mit einer Teigkarte in eine mit Mehl bestäubte Schüssel geben. Mit Frischhaltefolie abdecken und für ⊙ ca. 1½–2 Stunden gehen lassen. Der Teig sollte sein Volumen in dieser Zeit verdoppeln. In 70-g-Stücke teilen und zu ca. 15 cm langen Seelen formen, die zu den Spitzen hin dünner werden. Die Teiglinge für ⊙ 20 Minuten erneut abgedeckt gehen lassen.

Den Backofen auf 180 °C vorheizen. Die Seelen mit Eigelb bestreichen und mit Kümmel und grobem Salz bestreuen. Für ⊙ 25 Minuten im Ofen backen. Noch warm servieren.

Tipp: Die Seelen kann man auch gut einfrieren und kurzfristig auftauen. Anschließend nochmals für einige Minuten im Ofen aufbacken.

Ergibt 10 Seelen
Zubereitung: ⊙ ca. 50 Minuten
Teigruhe: ⊙ 2⅔ Stunden
Backzeit: ⊙ 25 Minuten

Pesto-Cantuccini

Basilikum abbrausen, trocken tupfen und die Blättchen abzupfen. Knoblauchzehen schälen. Beides mit dem Öl fein pürieren. Gemahlene Mandeln und Parmesan einrühren.

Weinsteinbackpulver und Weizenmehl mischen, mit den ganzen Mandeln, Salz, Pfeffer, Eiern und dem Basilikum-Pesto zu einem glatten Teig kneten. Den Teig dritteln und zu Rollen formen. Die Teigrollen in Frischhaltefolie wickeln und für ⊙ 30 Minuten kalt stellen.

Den Backofen auf 160 °C vorheizen. Die Teigrollen auf ein Backblech mit Backpapier legen, in den Ofen schieben und ⊙ 25 Minuten backen. Etwas abkühlen lassen. Dann die Rollen in 1 cm dicke Scheiben schneiden, auf ein Gitter legen und im Ofen bei 120 °C in ⊙ 30 Minuten fertig backen.

50 g Basilikum
2 Knoblauchzehen
70 ml Olivenöl
100 g gemahlene Mandeln
100 g junger Parmesan
1 TL Weinsteinbackpulver
250 g Weizenmehl (Type 550)
150 g ganze Mandeln, geschält
1 TL Salz
1 Prise Pfeffer
3 Eier

Ergibt 40 Cantuccini
Zubereitung: ⊙ ca. 1 Stunde
Teigruhe: ⊙ 30 Minuten
Backzeit: ⊙ 55 Minuten

Schinken im Brotteig

Schinken im Brotteig

500 g Weizenmehl (Type 405)
250 g Roggenmehl (Type 997)
1 gehäufter TL Salz
15 g Trockenhefe
5 EL reifer Sauerteig
460 ml lauwarmes Wasser

Außerdem:
1 Eigelb
1 kleiner Schinken,
ca. 1 kg

Ergibt 1 Schinken im Brotteig
Zubereitung: ⊙ ca. 1 Stunde
Teigruhe: ⊙ 2 Stunden,
10 Minuten
Backzeit: ⊙ 45 Minuten
Anspruchsvoll

Beide Mehle mit Salz in einer Schüssel mischen. Trockenhefe, Sauerteig und Wasser zugeben und alles zusammen für mehrere Minuten zu einem geschmeidigen Teig kneten. Mit Mehl bestäuben und zurück in die Schüssel geben. Abgedeckt mit Frischhaltefolie an einem warmen Ort für ⊙ 2 Stunden gehen lassen.

Den Backofen auf 200 °C vorheizen. Nach der Gehzeit den Teig nochmals durchkneten und auf der bemehlten Arbeitsfläche zu einem Rechteck von ca. 40 x 50 cm ausrollen. Mit einem Pizzaroller einen 5 cm breiten Streifen abschneiden und auf ein Backblech mit Backpapier legen. Einen Rand mit etwas verquirltem Eigelb bestreichen. Einen weiteren Teigstreifen leicht überlappend an den ersten Streifen legen und vorsichtig andrücken. Den Rand wiederum mit etwas Eigelb bestreichen und so mit dem restlichen Teig fortfahren, bis alle Streifen auf dem Blech eine rechteckige Fläche ergeben.

Den Schinken trocken tupfen und auf der Teigfläche platzieren. Erst die eine Seite des Teiges hochklappen, dann die andere Seite überschlagen. Den Brotteig auch auf der Vorder- und Rückseite fest an den Schinken andrücken und nochmals für ⊙ 10 Minuten abgedeckt gehen lassen. Mit restlichem Eigelb bestreichen und ⊙ 40–45 Minuten im Ofen backen. Auf einem Gitter abkühlen lassen.

Register

Über den Fotografen:
Oliver Brachat (BFF), 1967 geboren, gelernter Koch und Patissier. Seit 1997 selbstständiger Foodstylist, seit 2008 Still-Life-Fotograf mit Schwerpunkt »Food« im eigenen Studio in Krefeld. Arbeitet für renommierte Magazine und in der Werbung für viele Agenturen und Firmen. Er fotografierte zahlreiche Kochbücher im In- und Ausland.
www.oliverbrachat.com

Über den Autor:
Tobias Rauschenberger, 1983 geboren, ist Koch mit internationaler Berufserfahrung, leidenschaftlicher Foodstylist und Kochbuchautor. Er lebt und arbeitet in Düsseldorf.
www.tobiasrauschenberger.com

Ein herzliches Dankeschön an die Firma Häussler GmbH in Heiligkreuztal, die uns freundlicherweise eine professionelle Knetmaschine zur Verfügung gestellt hat.

ISBN 978-3-8094-4337-7

2. Auflage 2022

© 2020 by Bassermann Verlag, einem Unternehmen der Penguin Random House Verlagsgruppe GmbH, Neumarkter Straße 28, 81673 München
© der Originalausgabe 2012 by Hölker Verlag in der Coppenrath Verlag GmbH & Co. KG, Hafenweg 30, 48155 Münster, Germany unter dem Titel: Brot genießen

Fotografie: Oliver Brachat
Rezeptentwicklung und Küche: Tobias Rauschenberger
Styling und Requisite: Oliver Brachat
Fotoassistenz und Organisation: Steffi Neff
Weitere Mitarbeiter: Theresa Jenner, Martin Gentschow, Steffi Veenstra
Redaktion: Christin Geweke
Gestaltung und Satz: Wilhelm Schäfer, typocepta, Köln

Für die Bassermann-Ausgabe:
Umschlaggestaltung: Atelier Versen, Bad Aibling
Herstellung: Elke Cramer
Projektleitung: Anja Halveland

Satz: Nadine Thiel
Druck und Bindung: DZS Grafik d.o.o., Ljubljana

MIX
Papier aus verantwortungsvollen Quellen
FSC® C106600

Penguin Random House Verlagsgruppe FSC® N001967